W0035852

Heike Haupt

»EIGENTLICH MAG ICH KEINE KINDER«

Heike Haupt

»EIGENTLICH MAG ICH KEINE KINDER«

Lehrer verraten, was sie wirklich denken

riva

Bibliografische Information der Deutschen Nationalbibliothek:
Die Deutsche Nationalbibliothek verzeichnet diese Publikation in der Deutschen Nationalbibliografie; detaillierte bibliografische Daten sind im Internet über http://d-nb.de abrufbar.

Für Fragen und Anregungen:
info@rivaverlag.de

1. Auflage 2018

© 2018 by riva Verlag,
ein Imprint der Münchner Verlagsgruppe GmbH
Nymphenburger Straße 86
D-80636 München
Tel.: 089 651285-0
Fax: 089 652096

© der deutschen Originalausgabe 2015 by riva Verlag. Dies ist eine Neuauflage des 2015 erschienenen Titels *Lehrer-Geheimnisse*.

Alle Rechte, insbesondere das Recht der Vervielfältigung und Verbreitung sowie der Übersetzung, vorbehalten. Kein Teil des Werkes darf in irgendeiner Form (durch Fotokopie, Mikrofilm oder ein anderes Verfahren) ohne schriftliche Genehmigung des Verlages reproduziert oder unter Verwendung elektronischer Systeme gespeichert, verarbeitet, vervielfältigt oder verbreitet werden.

Redaktion: Antje Steinhäuser
Umschlaggestaltung: Maria Wittek, München
Umschlagabbildung: Shutterstock/Yayayoyo
Satz: EDV-Fotosatz Huber/Verlagsservice G. Pfeifer, Germering
Druck: CPI books GmbH, Leck
Printed in Germany

ISBN Print 978-3-7423-0739-2
ISBN E-Book (PDF) 978-3-7453-0381-0
ISBN E-Book (EPUB, Mobi) 978-3-7453-0382-7

Weitere Informationen zum Verlag finden Sie unter

www.rivaverlag.de

Beachten Sie auch unsere weiteren Verlage unter www.m-vg.de

Inhalt

Vorwort

Über Lehrer hat jeder eine Meinung, und viele sprechen sie ganz offen aus. Aber was denken eigentlich die Lehrer selbst? Und über was würden sie reden, wenn man sie nur ließe? Tatsächlich haben Lehrer jede Menge zu erzählen – über Schule, über Schüler, über Kollegen und nicht zuletzt über Eltern. Nicht immer kommen die Genannten dabei gut weg. Denn wer mit Lehrern über ihre Geheimnisse spricht, der wird unter anderem zu hören bekommen, dass in manchen Lehrerzimmern regelrechter Krieg herrscht, und dass neben engagierten und äußerst fähigen Pädagogen auch eine große Zahl unfähiger Lehrer auf Kinder und Jugendliche losgelassen wird.

Erzählt wird außerdem über Dinge, die Außenstehende nur mit Widerwillen wahrnehmen, auch wenn eigentlich jeder schon einmal daran gedacht hat. Zum Beispiel, dass Zeugnisnoten keineswegs in Stein gemeißelt und aus harten (Noten-)Fakten errechnet sind, sondern durchaus gelegentlich an den Schüler angepasst werden – und je nachdem eine Spur besser oder schlechter ausfallen können. Und wer hört schon gerne, dass es zwischen Lehrer und Schülerin auch heute noch dann und wann mal funkt? Oder dass Schüler eine Klassenfahrt als Sex-Falle ohne Ausweg planen?

Eltern nehmen ebenfalls viel Raum ein in den Erzählungen. Denn die machen manchem Lehrer die Arbeit reichlich schwer. Da werden Lehrer mit Lügen bei der Schulleitung angeschwärzt, andere Eltern halten sich ohnehin für die besseren Lehrer und bringen das auch sehr deutlich zum Ausdruck. Manche Eltern gehen zudem recht spezielle Wege, wenn es um gute Noten für den

Nachwuchs geht – Bestechungsversuche kommen durchaus vor. Familiäre Abgründe sind ein weiteres Thema. Lehrer berichten von Vernachlässigungen und auch von Misshandlungen – und davon, wie sie selbst gegen solche Situationen kämpfen, während sie gleichzeitig mit einem Bein bereits auf illegalem Terrain stehen. Dann sind da natürlich noch die Schüler, die jedem und gleichzeitig keinem Klischee entsprechen. Da geht es um Morddrohungen gegen Mitschüler, extremes Mobbing mit pornografischem Material oder auch um Schüler, die ihre Lehrerinnen durchaus mal als Schlampen oder Huren bezeichnen. Gleichzeitig wird aber auch von einer Vielzahl an Schülern berichtet, die überhaupt keine Zeit für solche Aktivitäten haben. Längst ist nämlich die Leistungsgesellschaft an den Schulen angekommen. Sie bringt Kinder hervor, für die alles außer einer Eins oder 15 Punkten eine ausgemachte Katastrophe darstellt. Diese Kinder arbeiten gezielt auf den ersten Burn-out zu, bevor sie überhaupt in das Berufsleben einsteigen.

Das Leben eines Lehrers findet inmitten einer Unmenge solcher Geheimnisse statt. Dass es häufig auch Geheimnisse bleiben, hängt damit zusammen, dass gerade verbeamtete Lehrer nicht völlig frei über Schulinterna und auch Personen plaudern können. Die Gesetze setzen da Grenzen. Dass sich in diesem Buch Lehrer sehr offen zu unterschiedlichsten Themen äußern, liegt vor allem daran, dass sie es anonym tun. Alle Namen wurden verändert, und auch die Orte, an denen sie tätig sind, sind so gewählt, dass es unmöglich ist, die reale Person ausfindig zu machen. Das alles dient dem Schutz der Lehrer, die sich sonst mit ihren Erzählungen über Einschränkungen und Vorschriften hinwegsetzen würden.

Neben den wichtigen und häufig erstaunlichen Geschichten kommen immer wieder auch die kleinen Dinge des Schulalltags zur Sprache, von denen wir meist kaum etwas mitbekommen. Zum Beispiel, wie vertraut die Schüler von heute wirklich noch mit dem Thema Goethe sind. Oder was geschehen muss, damit ein

Satz wie »Are they Schuld with their Bang Bang and their Sickies?« entsteht. Zu erfahren ist auch, dass Schüler Jugendsprache zwar rege nutzen, tatsächlich aber in vielen Fällen nicht die geringste Ahnung haben, was mancher Begriff bedeutet. Und wer hätte schon geahnt, dass Lehrer im Grunde nur eines wollen: essen.

»Schlechte Lehrer erschaffen schlechte Schüler.«

Und warum das Lehramtsstudium keine Vorbereitung auf den Alltag ist

Peter B., 42, Biologielehrer an einer Gesamtschule in Berlin

Was macht eigentlich einen guten Lehrer aus? Und was einen schlechten Lehrer? Ergänzend stellt sich die Frage, wer das beurteilen soll. Ein offizielles Bewertungsschema gibt es ja nicht. Aber ich habe da eine sehr klare Meinung: Ein schlechter Lehrer ist jemand, der einfach sein Ding durchzieht und fest davon ausgeht, dass der Stoff schon beim Schüler ankommt. Dass das nicht der Fall sein kann und dass seine Art des Unterrichts daran die Schuld tragen könnte, das kann er sich nicht vorstellen – oder es interessiert ihn nicht. Ich selber habe einen Kollegen, der schon viele Jahre im Beruf ist. Als er anfing, war die Welt noch weitgehend frei von Dingen wie dem Internet, niemand hatte je den Begriff Facebook gehört, und Smartphones gab es auch noch nicht. In dieser Zeit hat der Kollege seinen Unterrichtsstil entwickelt, und ich gehe fest davon aus, dass er noch heute mit dem Material von damals arbeitet. Er geht in den Klassenraum, stellt sich vorne hin und redet, bis er den Raum zur Pause wieder verlässt. Frontalunterricht in Reinkultur. Auf der anderen Seite ist er jemand, der kaum mit uns Kollegen über den Unterricht und seine Schüler spricht. Ich denke, weil ihn beides längst nicht mehr wirklich interessiert und er einfach nur noch täglich seine Arbeitsstunden abreißt. Meiner Meinung nach ist das fatal. Ich kann mir nicht vorstellen, dass dieser Kollege damit glücklich ist – wahrscheinlich hat er sich diese Frage seit Jahren nicht mehr gestellt. Viel wichtiger aber ist, dass er mit seiner Art des Unterrichts nichts erreicht und womöglich sogar einigen Schülern Wege verbaut.

Eines muss ich dazu aber noch erwähnen: Dass besagter Kollege der älteren Lehrergeneration angehört, soll nicht bedeuten, dass ich damit alle älteren Lehrer über einen Kamm schere. Es gibt durchaus Gegenbeispiele. Wir haben in unserem Kollegium gerade erst eine Kollegin in den Ruhestand verabschiedet, die ich sehr schätze und verehre. Sie hat sich bis zum Schluss unglaublich aufgeopfert, und trotz ihrer mehr als 60 Lebensjahre war sie absolut fit mit sämtlichen Internetthemen, mit Computer, DVD oder Beamern. Was absolut nicht selbstverständlich ist, wie ich aus meinem eigenen Verwandtenkreis weiß. Für diese Generation der Sechzigjährigen ist es gar nicht einfach, immer dabeizubleiben, weil sich alles so schnell verändert. Aber diese Kollegin war bis zum letzten Arbeitstag auch in immer wieder neuen Arbeitskreisen aktiv. Das finde ich wirklich bewundernswert.

Aber es gibt eben auch diejenigen vom Typ des angesprochenen Kollegen. Die ziehen das Arbeitsblatt raus, das sie vor zehn Jahren erstellt haben, so wie jedes Jahr. Natürlich habe auch ich Verständnis, dass die Energie im Laufe des Lebens nachlassen kann. Man ist ja nicht nur Lehrer, man zieht selber Kinder groß, pflegt später vielleicht noch kranke Eltern nebenbei – bis man sich sagt, dass man nun im Job nicht mehr 150, sondern nur noch 99 Prozent gibt.

Aber der besagte liebe Kollege hat nicht einen Gang zurückgeschaltet, er ist vielmehr ein leuchtendes Beispiel dafür, dass immer noch und immer wieder Menschen aus dem falschen Grund Lehrer werden. Es gibt so einige junge Lehrer, die beste Voraussetzungen für eine Laufbahn als richtig schlechte Lehrer mitbringen. Weil sie den Beruf nicht aus Lust am Lehren gewählt haben oder weil sie Kindern oder Jugendlichen gerne wertvolles Wissen vermitteln wollen. Wer später einmal ein schlechter Lehrer wird, ist oft mit einem vollkommen anderen Denken an die Sache herangegangen. Wir Lehrer sind schließlich immer noch zum überwiegenden Teil Beamte, und genau dieser Begriff ist das Stichwort. Da überlegt sich ein noch junger Mensch, was er von seinem Leben erwartet und wie er dieses Ziel erreicht. Was dann im Kopf vor sich geht, ist vielfach recht simpel, zu simpel: Man will gutes Geld verdienen, will nicht zu angestrengt dafür arbeiten müssen, und sicher soll der spätere Job auch noch sein. Klar, dass das Beamtendasein schnell in die engere Wahl kommt. Es gibt wohl kaum ein sichereres Dasein als das des Beamten. Da kostet keine Konjunkturkrise den Arbeitsplatz, bis zum Ruhestand wird es jeden Monat pünktlich das Gehalt geben. Das soll natürlich möglichst hoch ausfallen, und daher informiert man sich natürlich auch, welche Beamten am besten verdienen. Schnell kommt der Lehrer in die engere Wahl. Denn der verdient nun mal vergleichsweise gut. Deutsche Lehrer bekommen im europäischen Vergleich mit das meiste Geld – nur die Schweiz und Luxemburg zahlen meines Wissens ihren Lehrkräften mehr. Für manchen sprechen aber noch weitere Aspekte für die Berufswahl: Man kann meist in der Nähe des Arbeitsplatzes wohnen, und weil ein Teil der Arbeit von zu Hause aus erledigt werden kann, ist der Job auch noch familienfreundlich. Das reicht häufig schon aus, um zu sagen: Ich will Lehrer werden. Die Kriterien Schüler und Schulräume haben diese Entscheidung bis zu diesem Zeitpunkt eher beiläufig gestreift. Bestenfalls in Form des klassischen Spruches »Wenn alles schläft und einer spricht, das ganze nennt sich Unterricht«. Was ja das Bild eines bequemen Daseins noch zusätzlich unterstreicht.

An der Universität lässt sich das Bild ebenfalls noch recht problemlos aufrechterhalten. Hier wird den Studenten die Theorie vermittelt, der schulische Alltag spielt kaum noch eine Rolle. Alles geht also weiter in Richtung des Zieles in Form eines ruhigen, überschaubaren Lebens in einem gewissen Wohlstand. Bis der Punkt kommt, an dem der Lehramtsstudent zum Referendar wird. Von einem Tag auf den anderen hält die Realität Einzug. Statt ruhiger Theorie ist der angehende Lehrer nun Situationen ausgesetzt, in denen er sich mit tatsächlichen Menschen auseinanderzusetzen hat. Jungen Menschen, die ihre ganz eigene Vorstellung vom Schulalltag haben, die so gar nicht zu dem passt, was der Lehrer sich ausgemalt hat. Das ist dann häufig ein regelrechter Schock und überfordert so manchen. Genau jetzt beginnt der Weg zu einem schlechten Lehrer. Weil der bei seiner Berufsplanung immer nur von sich ausgegangen ist und davon, was er will – Ruhe, Sicherheit und genug Geld. Hält der Lehrer an diesem Ziel fest und versucht, es in der Form durchzusetzen, dass er quasi Scheuklappen aufsetzt und einfach irgendwie seinen Unterricht absolviert, wird aus ihm nie ein guter Lehrer.

Es gibt gute Lehrer, aber es gibt leider auch sehr viele schlechte Lehrer. Und damit meine ich richtig schlechte. Menschen, die im Grunde ihren Beruf verfehlt haben, und die in einem normalen Unternehmen längst ihren Job verloren hätten, weil sie ihn eben einfach nicht beherrschen. Das Fatale daran: Schlechte Lehrer können auch aus guten Schülern schlechte Schüler machen. Nur redet darüber niemand. Natürlich wird untereinander über solche Kollegen gesprochen, aber kaum jemand wagt es, derartige Kritik an anderen wirklich offen auszusprechen. Zum einen will man mit solchen Aussagen nicht die ganze Schule in Verruf bringen. Denn was wäre, wenn die Eltern erfahren, dass ihre Kinder von offensichtlich unfähigen Lehrern unterrichtet werden? Außerdem bringt es der Beruf ja auch mit sich, dass man die schlechten Lehrer eher zufällig oder erst sehr spät erkennt. Schließlich ist der Beruf des Lehrers einer der wenigen, der überwiegend unkontrolliert ausgeführt wird. Bringt ein Mitarbeiter in einer Firma nicht die erwartete Leistung, dann bekommen Kollegen und Vorgesetzte das schnell mit. Der Lehrer dagegen steht allein vor seiner Klasse. Da dauert es eine Weile, bis es jemandem auffällt, dass bei dem einen Kollegen vielleicht besonders viele Schüler schlechte Noten haben – und wenn es mal auffällt, dann ist da immer noch die Frage nach dem Warum. Zunächst einmal wird der Grund dann bei den Schülern und nicht bei den Lehrern gesucht.

Der Realitätsschock des Referendariats führt immer wieder dazu, dass Lehrer genau dieses Referendariat abbrechen – das geschieht tatsächlich sehr häufig. Weil sie nach dem schön theoretischen Studium plötzlich merken: Oh Gott, das ist ja überhaupt nicht meins! Ich selber bin froh über solche Menschen, die den Schneid haben und sagen, dass sie sich besser etwas anderes suchen. Es gibt aber leider auch die vielen anderen, die der Meinung sind, sie hätten nun fünf Jahre studiert, also müssten sie die Sache auch bis zum Ende durchziehen – auch wenn sie an der Realität wenig Freude haben.

Was man aber ebenfalls sagen muss: Das Referendariat lässt auch manchen womöglich guten Lehrer über die Klinge springen. Denn es gibt Seminarlehrer, also die direkten Vorgesetzten, die sich ihre Opfer heraussuchen, sie fertigmachen und sie systematisch rausekeln. Ich selbst erinnere mich an eine Seminarlehrerin, die den Ruf hatte, dass sie jedes Jahr einen Kandidaten rausekelt. Das hat sie in meinem Jahrgang geschafft, in dem davor und auch in dem Jahrgang nach mir. Diese Lehrer führen im Grunde eine Art Alleinherrschaft bei der Vergabe von Noten, die bei der staatlichen Einstellung letztlich alles bedeuten – was sie häufig sehr gut auszunutzen wissen. Bleibt die Frage, wer Seminarlehrer wird. Meine Seminarlehrerin war eine Person, von der man sich erzählte, dass sie selber zuvor massive Disziplinprobleme in den Klassen hatte. Ich kann mir gut vorstellen, dass die Entscheider sich sagten, wenn die massive Probleme mit den Schülern hat, loben wir sie halt hoch, vielleicht klappt es ja mit den Erwachsenen. Auf diese Weise kann also eine schlechte Lehrerin auf einen Posten gebracht werden, auf dem sie über die Zukunft junger Lehrer entscheiden soll. Die Frau hat nicht nur als Lehrerin versagt, nun konnte sie auch ihr Ego ausleben, indem sie jedem zeigte, dass sie am längeren Hebel sitzt. Wer später einmal aber ein wirklich guter Lehrer wird, der geht die Sache vollkommen anders an. Natürlich hält sich jeder Mensch für einigermaßen gut in seinem Beruf. Auch ich halte mich nicht für einen schlechten Lehrer. Würde ich das von mir vermuten, könnte ich mich gar nicht vor meine Schüler stellen. Dass ich Lehrer geworden bin, hatte daher auch nichts mit dem Beamtenstatus und den damit verbunden Vorzügen zu tun. Ich war nie jemand, der einen ruhigen und geregelten Alltag vorzog. Was mich zu der Berufswahl gebracht hat, war der Gedanke an die Möglichkeiten, die ich als Lehrer habe: Dass ich die Chance bekomme, junge Menschen für ein Thema zu interessieren, sie vielleicht sogar so zu begeistern, dass sie mehr wissen und lernen wollen. Natürlich weiß ich inzwischen, dass das einfacher gesagt als umgesetzt ist. Jeder Mensch, der unterrichtet, kennt die frustrierenden Momente, wenn mal wieder alles anders läuft, als man es geplant hat – wenn die eine Hälfte der Klasse zu spät kommt, und die andere Hälfte etwas vollkommen anderes im Sinn hat, als sich auf den Unterricht zu konzentrieren. Genau in solchen Momenten kommt aber wieder der Unterschied zwischen dem schlechten und dem guten Lehrer zum Tragen. Der schlechte zieht auch jetzt einfach sein Ding durch und arbeitet seinen Stoff ab, vielleicht regt er sich auf, bestraft mit Nachsitzen oder Ähnlichem. Der gute Lehrer ist zwar auch nicht glücklich über die Situation, seine Herangehensweise ist aber eine andere. Er sieht nicht nur sich und seinen Wunsch nach einem ruhigen Alltag, er sieht immer wieder auch die Möglichkeiten, zum Beispiel, das Interesse der Schüler tatsächlich wieder auf das Thema der Stunde zu lenken. Weil es dann wieder ein motivierender Moment ist, wenn die Schüler mitziehen und auch entsprechendes Feedback geben.

Ein guter Lehrer sieht sich auch nicht nur als reinen Lernstoffübermittler, sondern als jemanden, der einen Beruf mit sehr viel mehr Facetten ausübt. Für mich selbst ist der Lehrerberuf der spannendste und interessanteste, den ich mir vorstellen kann. Ich bin Wissensvermittler, manchmal Berufsberater, oft Kummerkasten, täglich Entertainer, von Zeit zu Zeit Reisebegleiter und regelmäßig auch Manager in einer Person.

Aber um mich geht es ja gar nicht. Es geht um schlechte Lehrer, und warum sie ein Problem sind. Mancher mag sagen, die Lehrer sind das geringere Problem, das größere sitzt im anderen Teil des Klassenraumes. Schließlich wird ja immer wieder darüber gesprochen, dass die Kinder häufig in zerrütteten Verhältnissen aufwachsen, dass die Eltern ihnen falsche Werte vermitteln und so weiter. Es stimmt, dass sich in unserer Zeit sehr viel verändert hat. Schwierig wird das aber gerade dann, wenn sich eines nicht verändert oder entwickelt – nämlich der Lehrer.

Viele Menschen werden sich noch an den Schock nach der Veröffentlichung der ersten Pisa-Studie erinnern, die den Leistungen der deutschen Schüler ein denkbar schlechtes Zeugnis ausstellte. Danach wurden zahllose Versuche unternommen, die Ergebnisse zu verbessern – vor allem, indem man am Schulsystem herumwerkelte. Was wenig brachte.

In den USA aber hat man sich etwas anderes überlegt: Man hat nachgeforscht, welchen Einfluss gute und schlechte Lehrer auf die Leistungen ihrer Schüler hatten. Zu diesem Zweck teilte man durchschnittliche Schüler einem Lehrer jeder Kategorie zu und schaute, wie die Schüler sich über einen Zeitraum von drei Jahren entwickelten. Das Ergebnis war ebenso erstaunlich wie erschreckend. Das Leistungsniveau der von guten Lehrern unterrichteten Gruppe stieg über den Zeitraum von dem Anfangswert 50 auf am Ende 90. Die schlechten Lehrer schafften es in der gleichen Zeit, das Leistungsniveau ihrer Schüler vom gleichen Anfangswert 50 auf 37 zu senken.

Es kommt also wirklich auf die Lehrer an. Das ist auch das Ergebnis einer Studie des Wissenschaftlers John Hattie, der Daten von Millionen Schülern untersuchte. Auch sein Fazit lautet: Kleine Klassen bringen nichts, Nachsitzen bringt nichts, offener Unterricht bringt nichts – alles dreht sich um gute Lehrer, und leider eben auch um schlechte Lehrer. Genau deswegen finde ich es so wichtig, dass dieses Tabuthema endlich offen angesprochen wird und dass mancher Lehrer seine Beamtensicht der Dinge ablegt und sich wirklich einmal mit den Schülern beschäftigt. Das ist nicht nur wichtig, sondern auch interessant und faszinierend.

»In vielen Lehrerzimmern herrscht der totale Krieg.«

Wenn Kollegen sich bis aufs Blut bekämpfen, leiden die Schüler

Elke Martina C., 42, Biologielehrerin an einer Realschule in Hamburg

Es ist ja immer wieder die Rede vom täglichen Kampf des Lehrers mit seinen Schülern. Tatsächlich gibt es aber noch einen ganz anderen Schauplatz, an dem die wirklich erbitterten Kämpfe ausgefochten werden: Das Lehrerzimmer ist nämlich im Grunde auch nur ein Klassenzimmer, und in dem wird regelmäßig der Kriegszustand ausgerufen. Da schreit man sich übelst an, da wird gemobbt, was das Zeug hält, und da schreckt so mancher auch nicht vor ebenso kindischen wie menschenverachtenden Streichen zurück.

Ich habe da schon die unterschiedlichsten Sachen erlebt. Vor allem an den staatlichen Schulen ist es schlimm. Weil dort die Lehrer nicht nach ihren Fähigkeiten ausgewählt werden oder gar danach, ob sie in irgendeiner Form als Team zusammenpassen. Die Konstellation im Kollegium entsteht vielmehr dadurch, dass im Kultusministerium anhand von Notenschnitten Lehrer irgendwelchen Schulen zugewiesen werden. An Privatschulen wird dagegen nach Vorstellungsgesprächen und Notenschnitt entschieden, da hat man also Anhaltspunkte, wen man wohin schickt. Das macht sich im Kollegium durchaus bemerkbar, weil sich die Gruppe besser zusammenfügt und es einfach besser passt. Bei der

Auswahl sind Menschen beteiligt, die darauf achten, ob der Einzelne sich gut in eine Gruppe einfügen könnte.

Wie wichtig das ist, zeigt die Situation an manchen staatlichen Schulen. Da wirkt der Begriff Kollegium, der ja für die Kollegen an einer Schule steht, fast schon absurd. Denn von kollegialem oder gar freundlichem Umgang miteinander ist vielfach keine Rede. Stattdessen herrscht einfach nur noch böses Blut. Einige Lehrer reden schon seit Jahren kein Wort mehr mit den anderen. Ich habe Situationen erlebt, in denen die Feindschaft so tief saß, dass einzelne Lehrer aus Prinzip nicht auf Veranstaltungen anderer Lehrer erschienen sind.

Wobei feindseliges Schweigen oder ein Nichterscheinen noch die zivilisiertere Art der Abneigung darstellt. Ich habe auch schon erlebt, dass man sich quer über fünf Bänke bei Veranstaltungen anschrie und dabei übelste Beschimpfungen ausstieß. An meiner vorherigen Schule war es so schlimm, dass es mich jedes Mal Überwindung gekostet hat, das Lehrerzimmer zu betreten. Ich habe mich in dem Schuljahr dann um Ostern herum entschlossen, mir das nicht mehr anzutun – ich habe mich also bis zum Ende des Schuljahres überhaupt nicht mehr im Lehrerzimmer aufgehalten. Weil ich die Atmosphäre als derart unerträglich aggressiv und vergiftet empfand. Es war wirklich unglaublich. Jeder lästerte über jeden. Jeder versuchte, einen auf seine Seite zu ziehen, und wenn das nicht funktionierte, wurde man selbst ebenfalls zum Gegenstand von Lästereien und Beschimpfungen. Da fühlt man sich schon allein und vor allem allein gelassen. Froh kann man sein, wenn man zwei oder vielleicht drei Kollegen findet, denen es ähnlich geht, und die sich ebenfalls dem ganzen Streit oder Hass durch Rückzug entziehen.

Das alles ist aber nicht nur für den Lehrer als Mensch sehr belastend. Eine derart vergiftete Atmosphäre bleibt ja nicht auf das Lehrerzimmer begrenzt. Sie beeinflusst die gesamte Schule, und damit nicht zuletzt den Unterricht. Es ist kein Psychologiestudium notwendig, um sich vorzustellen, wie sich das fortsetzt. Ich habe es selbst mehrfach erlebt: Da streiten sich zwei Lehrer minutenlang miteinander, dann stürmen sie immer noch aufgebracht aus der Tür und machen sich auf den Weg zum Unterricht. Auf dem Weg dorthin wird schon mal ein Schüler unwirsch angefahren, der gar nicht weiß, wie ihm gerade geschieht. Und dass der Unterricht mit aller pädagogischen Finesse gehalten wird, davon kann nach solchen Vorfällen sicher auch keine Rede sein.

Als ich solche Situationen in Lehrerzimmern erlebt habe, habe ich mich anfangs gefragt, ob das Zufall ist und ob das nur an der einen Schule passiert. Tut es nicht, wie ich inzwischen weiß. Ein Freund von mir ist Lehrer in Berlin, und dort geht man davon aus, dass rund zehn Prozent aller Lehrer sich von ihren Kollegen gemobbt oder gar regelrecht terrorisiert fühlen – in anderen Berufen trifft das im Schnitt auf weniger als drei Prozent der Mitarbeiter zu. Nur gilt gerade das Mobbing unter Lehrern als Tabuthema.

Dabei sind Lehrer diejenigen, die genau dieses Mobbing eigentlich zur Perfektion gebracht haben. Oft fängt das mit Kleinigkeiten an. Da markieren zum Beispiel ältere Kollegen an den Tischen im Lehrerzimmer mit Büchern ihr Revier. Das dann noch unauffällig vergrößert wird, wenn sich ein unliebsamer Kollege oder ein unerfahrener Neuling nähert. Mit Worten wird das Revier ebenfalls markiert. Fragt etwa ein Neuer, dann beginnt der Angesprochene ein Gespräch mit einem anderen Kollegen und ignoriert den Fragenden, um ihm seine Stellung in der Hackordnung zu zeigen.

Natürlich wird auch über andere geredet, und zwar in einer Form, die nicht selten die Grenze zu übler Nachrede überschreitet. Da wird Kollegen jede Fachkenntnis abgesprochen, ihnen stattdessen eine sehr problematische Persönlichkeit zugesprochen. Oft mit dem Ziel, Einzelne vollkommen auszugrenzen und sie am Ende auch noch bei der Schulleitung als absolut unfähig hinzustellen.

Andere Fälle wirkten auf den ersten Blick regelrecht kindisch, waren im Endeffekt aber fast schon menschenverachtend. Da wurden Schrankfächer von Kollegen mit klebriger Schmiere verschmutzt oder man spritzte Sekundenkleber in Schlüssellöcher. Manchmal geht es dabei auch um Neid. Ich habe erlebt, dass ein Lehrer eifersüchtig auf einen anderen war, weil der eine Klassenreise machen sollte, die weit interessanter als die eigene war. Also tat der neidische Lehrer alles, um die Klassenreise des anderen zu sabotieren. Das Budget der Reise wurde kritisiert, der pädagogische Wert in Zweifel gezogen und so weiter und so fort.

Und wenn jemand versehentlich zugibt, dass es in seiner Klasse Probleme mit der Disziplin gibt, kann es passieren, dass diese Information von den anderen genutzt wird, um die Kompetenz dieses Lehrers in Frage zu stellen. Nicht nur das, ist dieser Kollege besonders unbeliebt, wird das Wissen auch der Schulleitung gesteckt. Natürlich nicht direkt, sondern um drei Ecken, damit man selbst bloß nicht zur Rede gestellt wird. Auf Dauer wird so ein Kollegium dann zu einer Art Vorstufe einer Psycho-Klinik: Gedemütigte Lehrer sind von Panikattacken geplagt, andere lassen sich immer wieder krankschreiben und erscheinen kaum noch an der Schule. Zeit für die mobbenden Lehrer, sich wieder neue Opfer zu suchen und weitere ebenso rücksichtslose wie kindische Spielchen zu treiben.

Die andere Seite der Sache zeigt sich in den Klassenzimmern, wo sich nicht nur der aufgebrachte oder frustrierte Lehrer, sondern auch die Schüler befinden. Gerade Kinder sind ja regelrechte Gefühls-Seismographen. Die spüren sehr genau, wenn etwas nicht in Ordnung ist oder der Lehrer sich anders benimmt, als man es von ihm kennt.

Ich erinnere mich in Sachen Lehrerkrieg an eine Episode vor zwei Jahren. Eine Kollegin hatte zu jener Zeit häufig mit mir Pausenaufsicht. Nur ist sie mehrfach nicht erschienen. Das ist keine Nebensächlichkeit, sondern schlicht eine Verletzung der Aufsichtspflicht. Denn wenn etwas passiert in dem Bereich, den sie zu beaufsichtigen hat, ist sie fällig und bekommt Ärger. Verletzt sich zum

Beispiel ein Schüler, ist sie Schuld, weil sie nicht vor Ort war und ihrer Aufsichtspflicht nicht nachkam. Die Schulleitung wusste davon, nur unternahm sie nichts dagegen. Ich selbst habe mich etwas allein gelassen gefühlt, im doppelten Sinne. Es handelte sich um eine große Pausenhalle, die wir zu zweit beaufsichtigen sollten, da eine Person allein das Areal nicht in dem notwendigen Maß beobachten konnte.

Irgendwann habe ich die Kollegin darauf angesprochen. Ich habe ihr gesagt, sie solle sich doch bitte daran erinnern, dass sie ebenfalls Aufsicht habe und sie mir die Aufgabe nicht allein überlassen dürfe. Das war an einem Tag, als sie tatsächlich einmal in der Pausenhalle erschienen war. Ich sprach mit ruhiger Stimme zu ihr über eine Distanz von vielleicht zwei oder drei Metern, als sich gerade keine Schüler in unmittelbarer Nähe befanden. Kaum hatte ich ausgesprochen, stürmte die Kollegin auf mich zu, stellte sich direkt vor mich und brüllte mich an, während sie gleichzeitig mit dem Finger vor meiner Nase herumfuchtelte. Ich solle mich gefälligst um meine eigenen Angelegenheiten kümmern, wenn sie ausnahmsweise einmal die Pausenaufsicht nicht wahrnehme, gebe es dafür gute Gründe. Besonders brisant an der Situation war, dass die Kollegin in einer Lautstärke brüllte, die in der gesamten Pausenhalle zu hören war. Den Streit bekam die versammelte Schülerschaft mit. Genau die Kinder und Jugendlichen also, denen wir immer wieder von den Möglichkeiten des Streitschlichtens und der Konfliktbewältigung erzählten und die genau darin bestanden, dass man sich nicht wild ankeift und mit dem Finger vor dem Gesicht des anderen herumfuchtelt.

Der gute Grund der Kollegin, die Pausenaufsicht nicht wahrzunehmen, bestand übrigens darin, dass sie in Ruhe etwas essen wollte. Das stellte sich allerdings erst später heraus. Während dieser Zeit log sie mich vielmehr offen an. Wenn ich fragte – anfangs noch ohne jegliches Misstrauen –, ob sie die Aufsicht eventuell vergessen habe, hieß es »oh, ich hatte eine wichtige Besprechung, die ich nicht versäumen durfte« oder »ich hatte einen Termin beim Konrektor«. Gerade letztere Lüge brachte dann die Wahrheit ans Licht. Ich verstand mich nämlich recht gut mit eben diesem Konrektor, und sprach ihn kurz danach darauf an. Der wusste von keinem Termin der Kollegin, hatte sie vielmehr schon lange nicht mehr in seinem Büro gesehen.

»Mancher Schüler-Streit geht heute bis zur Morddrohung.«

Und warum Schulen nicht gerne darüber sprechen

Ludwig G., 48, Deutschlehrer an einer Realschule in Bayern

Dass manche Schüler sich nicht mögen, ist normal. Dass sie sich prügeln, das kommt vor. Was ich allerdings nie erwartet hätte: Mittlerweile geht so etwas bis hin zu offenen Morddrohungen. Was natürlich niemand gerne sagt, weil Eltern ihr Kind wohl kaum freiwillig an eine Schule schicken würden, an der so etwas vorkommt.

Genau in einer solchen Morddrohung mündete aber bei uns kürzlich ein langer Streit zweier Schüler. Die beiden mochten sich von der ersten Begegnung an nicht. Was sicher auch daran lag, dass diese beiden Menschen unterschiedlicher nicht sein konnten. Der eine war ein Junge, der sich mehr durch körperliche Kräfte als durch geistige Fähigkeiten auszeichnete. Der andere dagegen war ein sehr ruhiger Mensch, der durchaus ein intellektuelles Potenzial besaß und bei Streitigkeiten mit Worten statt mit Fäusten kämpfte.

Nun ist es heute ja so, dass sich Streitigkeiten zwischen Schülern nicht auf die Schule beschränken. Das Internet bietet zahllose Möglichkeiten, etwaige Auseinandersetzungen auch online fortzusetzen. Der Schlauere der beiden nutzte genau das, um seinen Frust über den brutalen Mitschüler loszuwerden, gegen den er körperlich keine Chance hatte. Auf Plattformen wie Facebook, reddit oder in Internet-Foren berichtete er über die Feindschaft der beiden und beschrieb seinen Kontrahenten als eine Art Steinzeitmenschen ohne Hirn. Als er dazu auch noch Karikaturen postete, die den Mitschüler wie einen Neandertaler wirken ließen, erfuhr auch der davon. Es entbrannte ein über Wochen online ausgetragener Streit. Der allerdings war eben nicht die Art Streit, die dieser Schüler bevorzugte, Worte waren halt nicht so sehr seine Sache. Er brachte seine Meinung daher eines Tages in wenigen Worten auf den Punkt:»Ich bring dich um, Digga!«

Das mag ein im Affekt niedergeschriebener Satz gewesen sein, doch dieser Satz beinhaltete nicht weniger als eine Morddrohung. Bis zu diesem Zeitpunkt hatte außerhalb der Internet-Gemeinde noch niemand von dem Online-Streit Notiz genommen. Nun allerdings erzählte der bedrohte Schüler seiner Mutter, dass ihn jemand umbringen wolle. Die Mutter nahm sofort Kontakt zur Schule auf und berichtete von dem Vorfall. Natürlich konnte man eine Morddrohung nicht auf die leichte Schulter nehmen oder sie unter den Tisch kehren. Also wurde ein Gesprächstermin anberaumt, an dem die beiden Schüler und ihre Eltern teilnehmen sollten. Der Klassenlehrer und der Schulleiter waren ebenfalls dabei. Vor allem aber wurde auch ein Kontaktpolizist angefordert. Das sind Beamte, die meist nicht in Uniform erscheinen – sie sind einfach dabei, und sie wollen in der Regel auch niemanden festnehmen. Ihre Anwesenheit steht dafür, dass der Fall den Behörden nicht egal ist, und dass es von Interesse ist, für Recht und Ordnung zu sorgen.

Am Tag des Termins waren fast alle Beteiligten versammelt – nur der Verfasser der Morddrohung war nicht gekommen. Immerhin hatte sich seine Mutter eingefunden, die sich für ihr Kind entschuldigte. Sie würde so etwas von ihm gar nicht kennen. Damit war die Sache nicht wirklich perfekt vom Tisch, weil besagter Sohn sich nicht selbst äußerte. Trotzdem gaben sich der bedrohte Schüler und dessen Eltern damit erst einmal zufrieden. Man verlasse sich darauf, dass so etwas nicht mehr vorkomme. Beide Seiten reichten sich die Hände und wollten gehen.

Womit allerdings niemand gerechnet hatte: Der Kontaktpolizist gab sich mit dieser schnellen Einigung nicht zufrieden. Er sagte vielmehr, dass niemand gehen könne – man brauche die Anwesenden noch als Zeugen. Denn eine Morddrohung sei ein Offizialdelikt. Und ein Polizist, der ein solches Offizialdelikt wahrnimmt, der kann nicht einfach sagen »Das ist ja noch mal gutgegangen«. Ein Offizialdelikt kommt zur Anzeige. Was auch in diesem Fall trotz der schnellen Einigung der Beteiligten bedeutete, dass der Schüler angezeigt wurde, der diese Drohung verfasst hatte.

Der Kontaktpolizist erzählte später, dass gerade im Internet inzwischen Drohungen und Beleidigungen Alltag sind. Die Menschen würden sich dort anonym fühlen und all das sagen, was sie sich im normalen Alltag nicht trauten. Vor allem glaubten viele Internetnutzer immer noch, dass sie sich in einem rechtsfreien Raum bewegen, in dem die Gesetze nicht gelten. Nur ist eben genau das nicht der Fall.

Die beiden Schüler haben ihren Streit nie offiziell beigelegt. Doch es wurden keine weiteren Anfeindungen via Internet bekannt. In der Schule sind sie sich seitdem aus dem Weg gegangen, sodass es auch dort zu keiner weiteren Eskalation gekommen ist. Ich weiß zwar nicht, wie es mit der Anzeige weitergegangen ist. Ich habe aber von ähnlichen Fällen gehört, in denen Täter zu Geldstrafen verurteilt worden sind – und zwar in vierstelliger Höhe, was deutlich unterstreicht, dass Drohungen via Internet kein Bagatelldelikt darstellen.

»Lehrer sind diebische und rücksichtslose Fressmaschinen.«

Drei Kilogramm Antipasti und die unappetitlichen Folgen

Sönke S., 28, Physiklehrer an einer Gesamtschule in Berlin
Über Lehrer kann man vieles berichten – was aber wirklich mal gesagt werden muss: Lehrer sind rücksichtslose und mitunter diebische Fressmaschinen, und das führt manchmal zu geradezu unappetitlichen Situationen. Da werden ganze Kuchen weggeputzt, die eigentlich für Schüler bestimmt waren, oder es werden kiloweise Antipasti verdrückt, nur weil sie da sind.

Dass mit Lehrern und den Themen Essen und Trinken irgendetwas nicht ganz in Ordnung ist, bemerkte ich schon an der ersten Schule, an die ich nach meinem Referendariat kam. Dort sagte man mir in der Kaffeeküche, dass jeder Lehrer seinen eigenen Kaffee mitzubringen habe. Auf meine Frage nach dem Warum bekam ich als Antwort, dass einige Kollegen nie in die Kaffeekasse eingezahlt hätten. Das führte dazu, dass es schließlich mangels Geld keinen Kaffee mehr gab und man sich zu besagter neuer Regelung entschloss. Das wäre bei einer älteren Filterkaffee-Maschine sicher schwer umzusetzen gewesen, aber hier setzte man auf ein modernes Modell mit Kaffeepads.

Schon am nächsten Tag hatte ich auch meine eigenen Pads dabei. Von den Kollegen hörte ich, dass die meisten ihre Pads in Spinden oder persönlichen Fächern verschlossen verwahrten. Was mich etwas überraschte. Ich beließ es vorerst dabei, meine

Pads zu markieren und sie in der Kaffeeküche in einer mit meinem Namen beschrifteten Dose zu deponieren.

Als ich in der nächsten großen Pause zurückkehrte und mir einen Kaffee machen wollte, fand ich in meiner beschrifteten Dose kein einziges Kaffeepad mehr vor. Ich dachte mir, dass das ja wohl nicht der Ernst der Kollegen sein kann. Als ich herumfragte, bekam ich immer die gleiche Antwort: Niemand wusste etwas davon, niemand hatte mitbekommen, wer mit meinen Pads seinen Kaffee gekocht hatte. Da ich noch neu war, nahm ich an, dass man wohl meinen Namen noch nicht kannte und deswegen einfach zugriff. Trotzdem war es seltsam, dass in so kurzer Zeit nicht weniger als 16 Pads verschwinden konnten. Heute weiß ich, dass diese kleine Geschichte nur ein erstes Beispiel war. Ich kam rasch zu der Überzeugung, dass Lehrer gerne zugreifen, wenn sie kostenlose Versorgung wittern.

Das zweite Beispiel folgte wenig später wieder in einer Kaffeeküche. Gerade ältere Kollegen kennen ja den offenbar unstillbaren und nicht allzu wählerischen Hunger der Lehrer sehr gut, sie bringen daher häufig auch aus dem eigenen Haushalt Reste vom Vortag mit, die in der Kaffeeküche aufgestellt werden. Das reicht vom halben Schnitzel bis zum Reststück einer Schwarzwälder Kirschtorte. All das ist meist binnen Minuten verzehrt. Nun kam aber der Tag, an dem sich eine Kollegin bei einem Kurs bedanken wollte, der ihr bei einer Lehrprobe zur Seite gestanden hat. Der Dank bestand in einem selbst gebackenen Kuchen. Die Kollegin wusste natürlich, was geschehen würde, wenn sie den Kuchen einfach so in der Kaffeeküche zwischenlagerte. Also legte sie darauf eine Karte, die beschriftet war mit den Worten »Finger weg!« und einem Smiley.

Die Kollegin ging dann in den Unterricht, und als sie nach zwei Stunden zurückkehrte, war der gesamte Kuchen bis auf ein halbes Stück aufgegessen. Damit nicht genug: Unter das »Finger weg!« hatte ein Kollege noch geschrieben: »Das könnten Sie aber auch freundlicher formulieren.« Ich fand das unfassbar.

Weiter ging es mit einer anderen jungen Kollegin. Auch sie wollte sich bei den Schülern bedanken, und zwar mit Blätterteigschnecken. Die Dame stellte das Gebäck im Lehrerzimmer an ihrem Platz ab, weil sie es natürlich nicht den ganzen Tag mit sich herumschleppen wollte. Was dann geschah, war typisch für das, was in einem Lehrerzimmer geschieht, wenn die Kollegen den Geruch von Nahrung wittern: Sie erhoben sich wie ferngesteuert von ihren Plätzen und näherten sich der Quelle des Duftes. Dort angekommen, wollte aber niemand der Erste sein, der eine Blätterteigschnecke stibitzt. Stattdessen stand man zusammen und begann gekünstelte Gespräche. Jemand, der noch nie ein Wort mit mir gesprochen hatte, fragte mich etwa plötzlich, ob ich mich denn gut eingelebt hätte – zu dem Zeitpunkt arbeitete ich schon mehr als ein Jahr an der Schule. Irgendwann wagte einer den ersten Schritt, indem er darauf hinwies, die Schnecken auf dem Tisch würden wirklich lecker riechen. Die Kollegin saß die ganze Zeit an ihrem Platz vor ihren Schnecken und war nun von acht Lehrern umringt. Bis einer den Mut besaß und fragte, ob er denn vielleicht eine der Schnecken probieren dürfe. Die Kollegin sagte, das Gebäck sei zwar für die Schüler, aber sie hätte ohnehin ein paar Stücke mehr gemacht. Was andere Lehrer als Freibrief auffassten und ebenfalls zugriffen. Und in Windeseile blieb nicht mehr viel übrig für die treuen Schüler.

Die bislang letzte Episode in Sachen Lehrer-Snackverhalten zeugt von besonderer Gier. Die Frau unseres Hausmeisters ist Türkin und hat kürzlich am letzten Schultag vor den Ferien ein riesiges Glas voller in Olivenöl eingelegter, mit Schafskäse gefüllter Peperoni und Minipaprika mitgebracht. Es handelte sich um mindestens drei, wahrscheinlich sogar vier Kilogramm.

Dieses Glas stellte sie nun ins Lehrerzimmer und sagte, dass man sich noch etwas gedulden solle – sie habe keine Gabeln und anderes Geschirr dabei, mit dem sich die Antipasti aus dem Öl fischen ließen. Was die versammelten Lehrer wenig interessierte.

Niemand wollte auf Gabeln, Messer oder Servietten warten. Egal ob Referendar oder Schulleiter – alle haben sich mit bloßen Händen aus diesem Drei-Kilogramm-Glas voller Öl bedient. Es hat keine zehn Minuten gedauert, und alles war weg.

Als man sich schließlich verabschiedete – das Schuljahr war zu Ende, es ging in die Ferien –, gab es natürlich zahlreiche Umarmungen und Schulterklopfen. Nahezu jeder Kollege ging nach Hause mit öligen Handabdrücken auf der Kleidung. Denn offenbar hatte es niemand für nötig gehalten, sich nach dem Herausfischen der Antipasti die Hände zu waschen.

»Meine Neunte ist ein Haufen Junkies.«

Kau-Flash bis das Lippenpiercing bricht

Björn P., 37, Englischlehrer an einer Gesamtschule in Nordrhein-Westfalen

Wissen Sie, was passiert, wenn man einen Schüler, ein Lippenpiercing und erhöhten Speed-Konsum miteinander kombiniert? Ich habe es erlebt, mitten im Unterricht. Es war kein schönes Bild, sondern dominiert von einem zerbrochenen Piercing, einer zerfetzten Lippe und jeder Menge Blut. Aber fangen wir von vorne an.

Schulen haben ein Drogenproblem – nicht alle, dafür aber viele um so massiver. Ich selber habe bis zum vergangenen Jahr an einer Schule gearbeitet, an der Drogen wirklich ein großes Problem darstellten. Das ging schließlich so weit, dass Schüler von der Polizei vor dem Schultor abgefangen wurden. Bei denen wurden dann auch Hausdurchsuchungen durchgeführt.

An besagter Schule gab es nicht etwa ein Problem mit nur einer Droge, da wurde wirklich mit allem gedealt. Von Cannabis bis Speed hatten die Schüler alles zur Verfügung, alles genommen, mit allem experimentiert und auch Mischkonsum betrieben. Da wurde auf dem Schulgelände gedealt, und es wurde während der Pause gekifft. Wenn ich Doppelstunden hatte, hatte ich immer den Eindruck, dass die Schüler während des Stundenwechsels kurz auf die Toilette gingen, um sich dort etwas reinzuziehen. Sie gingen also raus, um sich mit noch mehr Dogen für den weiteren Unterricht fit zu machen. Beweisen kann ich das natürlich nicht, aber es war doch recht eindeutig. Man kennt ja die Anzeichen: vergrößerte Pupillen, Nasenbluten nach dem Schnäuzen und so weiter. Seit dieser Zeit bin ich in gewissem Maße auch Experte für Drogen. Denn die Schüler fanden es vollkommen okay, mich über die Auswirkungen der unterschiedlichen Substanzen aufzuklären. So konnte ich auch recht bald sagen, wer welche Droge intus hatte.

Bei den Kiffern ist es im Unterricht so, wie man es von Kiffern erwartet: Sie hängen rum, haben knallrote Augen und Augenringe bis zum Gehtnichtmehr. Außerdem lachen Kiffer über die blödesten Witze, vor allem auch über Witze, die gar keine sind. Was den Unterricht doch ein wenig stören kann. Das Gleiche gilt für ein anderes Phänomen: Kiffer wollen ständig etwas essen, gerne natürlich auch während des Unterrichts – der sogenannte Fress-Flash übermannt sie ständig von Neuem. Da passt es natürlich sehr gut, dass in den Kifferklassen immer wieder auch Hasch-Brownies und Hasch-Kekse zur Verpflegung mitgebracht wurden – natürlich zur Tarnung unter herkömmliche Kekse gemischt und daher schwer nachweisbar. Diese Hasch-Kekse verstärkten das Problem noch zusätzlich. Mehr Hasch, mehr Hunger, mehr Kekse, mehr rumhängen und noch mehr Hunger.

Ganz anders verhielten sich die Leute, die auf chemischen Drogen waren und sich damit die Schulzeit angenehmer zu gestalten versuchten. Bei solchen Drogen wie Ecstasy oder Speed ist Hunger nicht das Thema, vielmehr verkrampfen häufig die Kiefermuskeln. Was dazu führt, dass die Menschen ständig auf der Unterlippe herumkauen. Bis die Lippe blutet. Was zurück zu dem Fall führt, den ich anfangs erwähnte. Dieser Schüler war häufig auf Speed, und er hatte eine gepiercte Unterlippe. Also kaute er nicht nur auf der Lippe, sondern auch auf dem Metall seines Schmucks. Das war nicht gut für die Zähne, aber noch weniger gut für die Lippe. Mindestens zwei Mal im Halbjahr war eines der Piercings durchgekaut, und welchen Effekt das hatte, konnte ich einmal live miterleben. Ein leises Knacken, dann ein lauter Schrei, weil die Zähne sich durch das Piercing ins Fleisch gruben. Ich weiß seitdem: Lippen bluten sehr stark. Was den Schüler allerdings nur kurz beeindruckte: Kaum war eine Wunde verheilt, wurde knapp daneben das nächste Piercing gesetzt – ein weiteres Stück im metallischen Schutzzaun der Unterlippe, das nur wenige Monate bis zu seiner Vernichtung vor sich hatte.

Das alles ging, wie gesagt, auch an der Polizei nicht vorbei. Polizeibeamte zählten zu den regelmäßigen Besuchern auf dem Schulgelände. Und es wurde sogar im Unterricht angerufen. Ich erinnere mich an einen Fall, als im Werkunterricht plötzlich das Handy eines Schülers klingelte und er mich fragte, ob er rangehen dürfe – es sei die Polizei. Grund des Anrufs: Eine Vorladung des Schülers. Was den allerdings nicht sonderlich beeindruckte. Die Polizei könne ihm eh nichts, er sei ja nicht blöd und kenne seine Rechte. Das Schlimme war, dass der Schüler sich wirklich sehr gut auskannte mit seinen siebzehn Jahren. Er hat mir erzählt, welche Aussagen man machen muss, um im Verhör keine Probleme zu bekommen, und was man lieber nicht sagen sollte. Er wusste auch sehr genau, wie viel Gramm einer Droge man bei sich tragen durfte, um noch ungeschoren davonzukommen. Auch was Polizisten machen oder fragen dürfen, war ihm bekannt.

Diese Schule und viele ihrer Schüler waren schon extrem. Wirklich besorgniserregend war aber auch die Art, wie die Schulleitung mit dem Drogenproblem umging. Die kümmerte sich nämlich nicht um das Problem an sich, sondern vor allem darum, dass über dieses Problem keine Informationen an die Öffentlichkeit gelangten. Die Außenwirkung der Schule war weit wichtiger als das klitzekleine Problemchen, dass hier Minderjährige ganz offen Drogen konsumierten. Wann immer ich den Schulleiter auf das Thema ansprach oder auch auf ein Problem mit einem sehr stark Drogen konsumierenden Schüler, kam als Standardantwort: »Dafür habe ich jetzt keine Zeit.«

Wir wurden also völlig allein gelassen. Wenn man als Lehrer nach Meinung der Polizei außerdem noch quasi riechen soll, welcher Schüler was konsumiert, und dem ständig nachgehen soll, selbst an einer solchen großstädtischen Schule, dann hat man im Endeffekt gar keine Kapazitäten mehr für regulären Unterricht. Da ist man vielmehr nur noch Sozialarbeiter, Psychologe, Drogenbeauftragter und Streetworker. Das alles ist natürlich eigentlich nicht mein Job, aber es schwingt immer irgendwie mit. Vor allem scheint es ja so, als würde das Thema Drogen an Schulen ein immer größeres Ausmaß annehmen. Im Grunde gibt es inzwischen kaum eine Schule mehr, in der noch nie illegale Drogen oder Alkohol ein Thema waren. Ich habe von einer Umfrage aus Hamburg gelesen, aus der hervorging, dass dort jeder sechste Schüler im Alter zwischen vierzehn und achtzehn Jahren als Cannabis-Konsument einzustufen ist. Aus Bremen hört man, dass dort ein Drittel aller vierzehnjährigen Schüler und Schülerinnen, die in ihrer Freizeit Cannabis konsumieren, genau das auch an der Schule tun. Was im Umkehrschluss heißt, dass auch diejenigen, die kein Hasch rauchen, im Umfeld dieser Mitschüler etwas von dem Rauch einatmen und somit passiv konsumieren.

»Schüler sind die schlimmsten Stalker und Paparazzi!«

Sie werden dich finden, es ist nur eine Frage der Zeit

Anette K., 33, Sportlehrerin an einer Oberschule in Sachsen

Eines dürfen Schüler niemals erfahren: die Adressen ihrer Lehrer. Nicht etwa, weil sie dort vielleicht einbrechen. Es geht darum, dass Schüler die schlimmsten Paparazzi-Stalker sind, die es auf dieser Erde gibt. Gib ihnen eine Information, und du wirst sie nie wieder los. Wann immer diese Schüler auf einen neuen Lehrer treffen, werden sie versuchen, weitere Details herauszufinden: Sie werden sich auf die Suche nach der Adresse machen, natürlich nicht nur zu Fuß, sondern auch im Netz. Der nächste Schritt besteht darin, die Heimat dieses Lehrers auch in virtueller Form aufzuspüren – auf Facebook, Instagram oder irgendeiner anderen Social Media Seite. Das bereitet denen ein unglaubliches Vergnügen, vor allem natürlich dann, wenn sie bei der Suche auch noch Erfolg haben. Im vergangenen Jahr hat mich tatsächlich eine Schülerin auf Facebook gefunden. Das verkündete sie natürlich morgens triumphierend im Unterricht. Ich habe sie daraufhin aufgefordert, mir auf dem Smartphone zu zeigen, was sie da gefunden hat. Ich sagte ihr, dass es sich nicht um mein Profil handele, was sie mit einem leicht enttäuschten »Och, schade!« quittierte. Wenig später hatte ich einen neuen Facebook-Account.

Sehr »in« sind aber auch Schlussfolgerungen über den tatsächlichen Wohnort. Nun wohnt bei mir eine meiner Kolleginnen um die

Ecke, und wir fahren daher häufig gemeinsam zur Schule. Für die Schüler ist das ein Fest. Immer wieder wird überlegt: Die beiden Lehrer wohnen in ein- und demselben Ort, sie wohnen nahe beieinander, wo genau also könnte das sein? Dann erwähnte ich irgendwann einmal unvorsichtigerweise, dass ich gerne spazieren gehe, und dass ich dabei häufig an einem Friedhof vorbeikomme. Nun wurde die Auswahl schon enger. Es gibt bei uns zwei Friedhöfe, also musste es ein Friedhof sein, der vom Wohnort bequem zu Fuß erreicht werden kann. So geht das im Prinzip immer weiter. Jede neue Mikroinformation wird genutzt, um näher an das gewünschte Resultat zu kommen. Ich habe wirklich keine Ahnung, warum das für Schüler derart faszinierend ist, aber es ist so. Ein Grund ist sicher die reine kindliche Neugier. Dazu kommt der Umstand, dass man es als Schüler eigentlich nicht wissen soll – das macht den zusätzlichen Reiz aus, dass man etwas Verbotenes oder zumindest Unerwünschtes tut. Da ich in einem Vorort lebe, ist der Reiz natürlich noch einmal größer, weil die Suche sich leichter eingrenzen lässt.

Inzwischen weiß tatsächlich eine Schülerin, wo ich wohne. Weil die nämlich direkt um die Ecke wohnt. Allerdings hält sie, in Absprache mit den Eltern, dicht, und hat bislang nicht verraten, wo ich lebe. Dass sie dichthält, hängt vermutlich auch damit zusammen, dass sie selbst nun mehr weiß als ihre Freundinnen und sie mit ihrem Geheimwissen eine gefühlte Sonderstellung innehat.

Eine Kollegin von mir wiederum ist kürzlich umgezogen. Mit dem Ergebnis, dass nun direkt gegenüber von ihrer neuen Wohnung einer ihrer Schüler wohnt. Das kann halt auch mal passieren, wenn man nicht jede Schüler-Adresse auswendig weiß. Die Eltern des Schülers wussten die neue Nähe durchaus zu nutzen: Nachdem der Junge zwei Tage krank war, klingelte er eines Nachmittags bei der Kollegin und sagte:»Guten Tag, Frau Lehrerin, meine Mama hat mich geschickt, ich soll fragen, was Hausaufgabe war, und ob sie mir die Arbeitsblätter geben können, die ich verpasst habe«. Jetzt fürchtet die Kollegin, dass sie künftig regelmäßig von den neuen Nachbarn zu Kaffee und Kuchen eingeladen wird, und dass diese Einladungen letztlich in Elterngespräche umgemünzt werden.

Es fällt mir noch ein Fall ein, der beschreibt, wie einfallsreich Schüler sein können, wenn sie mehr über ihre Lehrer herausfinden wollen. Es gibt an unserer Schule eine Kollegin, von der niemand weiß, wie alt sie wirklich ist. Sie verweigert es partout, dazu irgendeine Auskunft zu geben – nicht nur gegenüber den Schülern, sondern auch gegenüber uns Kollegen. Eines Tages hatte ich eine Klassenvertretung in einer Zehnten, die vor ihrem Abschluss stand. Die Schüler nutzten diese Vertretungsstunde dafür, Ideen zu sammeln, was sie welchem Lehrer als Abschiedsgeschenk geben wollten. Bald kamen die Fragen auf, wie alt welcher Lehrer wohl ist, und welches Geschenk daher passend sein könnte.

Dabei kam auch der Name der alterslosen Lehrerin zur Sprache. Und was sonst keiner wusste, das wussten diese Schüler: Sie hatten tatsächlich das Alter der Kollegin herausgefunden. Natürlich habe ich die Schüler gefragt, woher sie das wüssten und wie sie auf das Alter gestoßen seien. Die Antwort lautete:»Wir haben den Namen bei Google eingegeben, da haben wir dann ihre Doktorarbeit gefunden, und dabei war der Lebenslauf. Wir haben jetzt auch ihre Adresse und die Telefonnummer.« So etwas machen Schüler.

Nachtrag: Eigentlich sollte das Thema Schüler-Stalking an dieser Stelle beendet sein. Nur kam ich vorgestern nach Hause und fand in meinem Briefkasten einen Zettel. Darauf stand:»Wir waren da, Sie leider nicht. Viele liebe Grüße von Ihren Lieblingsschülern aus den Klassen 7 und 8.« Zuerst fühlte ich mich eine Millisekunde geschmeichelt, dann dachte ich: Oh Gott! Jetzt wissen sie also, wo ich wohne. Das heiligste Geheimnis der Telefonnummer war nun keines mehr.

Bis jetzt weiß ich nicht, welche Schüler es waren. Zunächst hatte ich gehofft, dass sich jemand im Unterricht durch Kichern oder Ähnliches verrät, das aber war nicht der Fall. Nun hoffe ich einfach, dass es sich tatsächlich um liebe Schüler handelt. Dass ich also nicht irgendwann mein Auto dekoriert vor dem Haus auffinde, keine ekligen Dinge im Briefkasten deponiert und meine Scheiben nicht mit Eiern bombardiert werden. Ich habe längst versucht, die Schrift auf dem Zettel zu analysieren. Nur komme ich einfach nicht darauf, welcher Schüler das geschrieben haben könnte. Die lieben Kleinen, die hartnäckigsten Stalker vor dem Herrn, müssen ihre Schrift verstellt haben.

»Ich habe das Recht gebrochen, um eine Schülerin vor Schlimmem zu bewahren.«

Lebensrettung Teil 1: Wenn der Lehrer-Einsatz sich vom Unterricht an den Rand der Legalität bewegt

Adrian B., 46, Kunstlehrer an einer Realschule in Hessen
Ich habe Verbotenes getan: Ich habe eine Schülerin aus ihrem Elternhaus geholt und sie bei einer Pflegefamilie unterbringen lassen – und ich habe auf dem Weg dahin einige Regeln gebrochen, die Lehrer nicht brechen sollten. Was aber nicht ungewöhnlich ist, denn als Lehrer agiert man immer wieder am Rande der Legalität. Vor allem dann, wenn man sich wirklich um die Schüler kümmert.

Grundsätzlich mutiert die Arbeit eines Lehrers immer mehr zu der eines Sozialarbeiters. Ich unterrichtete schon lange an einer Schule, an der viele Kinder aus schlimmsten sozialen Verhältnissen kamen. Einige waren regelrecht verwahrlost. Da gab es niemanden, der sich kümmerte, viele Kinder wurden im Grunde sich selbst überlassen – die Schule war für die Eltern ein Ort, an dem man den Nachwuchs einfach nur schnell abladen konnte. Das war der Typ Eltern, bei dem ich den Eindruck nicht loswerde, dass sie fest der Meinung sind, sie bräuchten Kinder nur in die Welt zu setzen und sie anschließend mit einem gewissen Maß an Nahrung zu versorgen. Für den Rest ist der Lehrer verantwortlich oder der Fernseher oder das Smartphone. So eine Rechnung geht natürlich nicht auf. Wenn die Kinder dann im Teenageralter nächtelang unterwegs sind oder mit irgendwelchen illegalen Substanzen experimentieren, müssen die Eltern sich nicht wundern, wenn sie davon nichts mitbekommen – nur sollten sie dann nicht den Lehrer für ihr eigenes Versagen verantwortlich machen. Ich selber würde mich als umgänglichen Typ bezeichnen. Ich bin jemand, der auf andere zugeht, der fragt und sich interessiert. Ich mache mir dadurch das Leben nicht leicht, vor allem wenn es um ausgewiesene Problemfälle geht. Da kann ich nicht einfach um eins nach Hause fahren und sagen, das war's, das kümmert mich nun nicht mehr.

Wir hatten vergangenes Jahr den Fall einer Schülerin, die nicht nur vernachlässigt, sondern daheim auch massivst misshandelt wurde. Ich habe mich ein Jahr lang damit beschäftigt, dieses Kind dort herauszubekommen, während ich gleichzeitig dafür sorgen musste, dass meine Arbeit als Lehrer – und damit die anderen Schüler – nicht zu kurz kam.

Das restliche Kollegium und auch die Schulleitung haben mich in dieser Zeit ziemlich allein gelassen. Denen war die Sache schlicht egal, was mich doch ziemlich schockiert hat. Mir war die Sache ganz und gar nicht egal, und ich verstehe bis heute nicht, wie die Kollegen so gleichgültig reagieren konnten. Sie erlebten ja auch mit, wie dieses Mädchen morgens mit sprichwörtlich blau geschlagenen Augen in die Schule kam. Die anderen wussten – wie ich – ganz genau, dass das keine Folgen eines Sportunfalls oder einer Balgerei waren. Das war der Vater, jedem war das klar.

Ich habe erst einmal allein handeln müssen, ohne überhaupt genau zu wissen, wie die richtige und auch rechtlich fundierte Vorgehensweise aussieht. Mit der Schulsozialarbeiterin und dem Beratungslehrer habe ich schließlich doch noch Verbündete gefunden, und gemeinsam haben wir uns daran gemacht, das Kind da rauszuholen. Das hat Wochen und Monate gedauert.

Die Geschichte begann so: Schon in der ersten Stunde, in der ich die Schülerin unterrichtete, ist sie mir aufgefallen. Sie kam zu spät und war extrem schlecht gelaunt. Das fand ich seltsam. Normalerweise sind die Schüler zu Beginn des neuen Schuljahres immer etwas positiv aufgeregt, und sie sind vor allem auch gespannt, wenn es einen neuen Lehrer oder eine neue Lehrerin gibt. Doch bei ihr war es das Gegenteil: Sie war sehr muffelig, knallte die Tür hinter sich zu und sagte nichts. Auf mein »Hallo?« kam die Antwort: »Super, dann können Sie mich jetzt auch nicht leiden.« Alles in allem also nicht gerade eine Situation, die man als einen guten Start in ein neues Schuljahr bezeichnen kann. Am Ende der Stunde kam eine andere Schülerin auf mich zu und erzählte, dass es wohl Stress mit dem damals aktuellen Freund gäbe und dass das Mädchen deswegen schlechte Laune habe. Als ich in der Klasse erneut Unterricht hatte, machte ich die Bemerkung gegenüber allen, dass jeder das Recht auf schlechte Laune habe, und das war es dann auch erst einmal.

Vielleicht sollte ich noch erwähnen, dass ich diese Klasse in Kunst hatte. Der Vorteil dieses Faches ist, ähnlich wie bei Werken oder Sport, dass es keinen strikten Unterrichtsplan gibt, sondern man den Schülern immer wieder Gelegenheit gibt, frei zu arbeiten, was außerdem persönliche Gespräche erlaubt. Ich unterhielt mich also mit der Schülerin und nach einigen Wochen taute sie zunehmend auf.

Dazu muss noch erwähnt werden, dass das Mädchen bei den anderen Lehrern einen sehr schlechten Stand hatte. Sie war so etwas wie eine Zielscheibe, weil eben auch bekannt war, dass von Seiten der Eltern keinerlei Interesse bestand, etwas über die schulischen Leistungen zu erfahren. Man konnte ihr also verbal im Grunde alles an den Kopf werfen, was man wollte – von zu Hause gab es nichts zu befürchten. Während andere Eltern bei jeder Kleinigkeit die Schulleitung kontaktierten, war es hier im Grunde so, als ob das Kind daheim allenfalls nur geduldet wurde.

Bei mir merkte die Schülerin nun, dass ich tatsächlich Interesse daran hatte, wie es ihr ging. Sie fasste zunehmend Vertrauen und ließ auch immer mehr von dem raus, was sie belastete. Auch weil ich nicht mit den Vorurteilen an sie herantrat, die bei den Kollegen herrschten: Dass sie nämlich einfach aggressiv und ein hoffnungsloses Fall sei.

Wie so oft hatte sich niemand die Mühe gemacht und hinterfragt, wo denn die Ursache für all die schulischen Probleme zu suchen war und was sich dagegen unternehmen ließ. Mir gegenüber war das Mädchen nach den anfänglichen Schwierigkeiten keinen Moment lang aggressiv, sondern ausgesprochen höflich und nett, weil sie bemerkte, dass ich mit ihr ebenfalls respektvoll umging.

Kurz vor Weihnachten hatte das Mädchen einen totalen Durchhänger. Einmal mehr sprach ich sie darauf an und bekam als Antwort, sie sei zu Hause rausgeflogen. Beziehungsweise war sie geflohen, nachdem die Situation eskaliert war und ihr Vater sie nicht nur schlug, sondern mit Fäusten regelrecht verprügelte. Danach versteckte sie sich ein paar Tage bei Freunden und kam schließlich bei der Großmutter unter. Da wusste ich, dass sich hinter den ganzen Problemen weit mehr verbarg als das, was sie sonst immer mit »Stress zu Hause« oder »Stress mit dem Freund« umschrieb.

Inzwischen hatten auch andere Lehrer mitbekommen, dass ich mich um das Mädchen kümmerte und gut mit ihr auskam. Was die lieben Kollegen auf ihre ganz eigene Art und Weise ausnutzten. Hatten diese Lehrer die Klasse des Mädchens, entledigten sie sich der von ihnen immer noch abgelehnten Schülerin mit einer perfiden Maßnahme: Sie schickten sie in die Klasse, in der ich gerade unterrichtete. Was nicht nur menschlich und pädagogisch, sondern auch schulrechtlich grenzwertig war. Einen Schüler vom Unterricht auszuschließen, ist grundsätzlich nicht so einfach, und auch vor dem Hintergrund des Versicherungsschutzes sehr schwierig.

Trotzdem kam es immer häufiger vor, dass das Mädchen vor der Tür stand und schließlich bei mir im Unterricht saß. Sie selbst war zwar in der neunten Klasse, aber sie nahm sowohl am Unterricht in einer sechsten als auch in einer zehnten Klasse teil. Natürlich habe ich die Kollegen auf das Thema angesprochen. Aber denen war es vollkommen egal. Da hieß es dann immer, dass sie doch ohnehin durchfalle und die Schule wechseln müsse – weil es da diesen Passus gibt, dass ein Schüler, der so und so oft durchgefallen ist, ab einem bestimmten Alter die Schulart wechseln muss, also auf die nächst niedrigere Stufe geschickt wird. Die Schulleitung hat das Thema ebenfalls nicht interessiert, und der Beratungslehrer war auch nicht sonderlich beratend.

So ging das von Woche zu Woche, und ich stand vollkommen alleine da. Irgendwann habe ich doch noch Kontakt zu den Eltern aufgenommen und versucht, zwischen ihnen und ihrem Kind zu vermitteln. Vor allem habe ich versucht herauszufinden, wo denn das Problem eigentlich liegt, und warum der Vater immer wieder ausrastet und seine Tochter übelst schlägt. Gebracht hat es nichts.

Das Problem zog sich durch das ganze Schuljahr bis hin zu dem Tag, als im Sommer das Jahreszeugnis kam. Es trat ein, was zu befürchten war: Das Mädchen flog durch und musste die Schule wechseln. Der Vater reagierte darauf am Abend mit einer neuen Eskalationsstufe der Gewalt. Zuvor schon hatte ich der Schülerin meine private E-Mail-Adresse gegeben, über die sie Kontakt zu mir aufnehmen konnte, falls wieder etwas im Elternhaus vorgefallen war. Dieses Vorgehen rangierte schon deutlich am Rande der Legalität, da es ja eine private Kommunikation über digitale Medien darstellte. Aber mir war wichtiger, dass die Schülerin eine Anlaufstelle hatte, wenn sie wirklich Hilfe benötigte. Schon vor dem Schuljahresende habe ich dem Mädchen oft geraten, zum Jugendamt zu gehen. Denn inzwischen war sehr deutlich geworden, dass es keine Chance auf Vermittlung mit den Eltern gab und dass es irgendwann zu einer Situation kommen konnte, in der es noch mehr als Schläge geben würde und die Schülerin womöglich dauerhafte Schäden davontrug.

An diesem Tag kam nun abends um zehn Uhr eine Mail bei mir an: »Ich bin wieder verprügelt worden. Ich muss jetzt hier raus, sonst bringt er mich um. Ich bin jetzt an dem Punkt, dass ich zum Jugendamt gehe, aber wie mache ich das?« Ich selbst allerdings war mittlerweile gar nicht mehr in der Stadt. Schließlich hatten die Ferien begonnen, und ich hielt mich bereits am anderen Ende Deutschlands auf. Trotzdem habe ich sofort zum Telefon gegriffen und meiner mittlerweile ehemaligen Schülerin gesagt, dass sie auf keinen Fall am kommenden Morgen alleine zum Jugendamt gehen kann. Gerade nach Vergabe des Jahreszeugnisses würde das Amt nämlich überlaufen sein von Kindern, die denken, ein böser Blick der Eltern sei schon ein guter Grund zu gehen.

Also habe ich gesagt, ich kümmere mich darum. Inzwischen hatte ich im Kollegium ja den einen älteren Kollegen gefunden, der mich bei der Hilfe für das Mädchen immer wieder sehr unterstützte. Den rief ich nun ebenfalls an dem Abend weit nach 22 Uhr an und schilderte ihm die Notsituation. Ich selber konnte es bis zum nächsten Morgen unmöglich zurück schaffen, also bat ich ihn, sich vor Ort um die Sache zu kümmern. Was der Kollege sofort zusagte.

Tatsächlich holte er sie am nächsten Morgen mit dem Auto ab, und beide fuhren zum Jugendamt. Den ganzen Tag verbrachte er gemeinsam mit der Schülerin im Amt und vertrat ihr Anliegen vehement. Denn das Jugendamt reagierte zunächst wenig begeistert. Das Mädchen stand zu der Zeit schon kurz vor dem achtzehnten Geburtstag, würde in wenigen Monaten volljährig sein. Man fühlte sich also gar nicht mehr richtig zuständig und wollte die Schülerin am liebsten loswerden. Sie solle doch einfach wieder nach Hause gehen, die paar Wochen würde sie schon noch überleben – das wurde zwar nicht offen ausgesprochen, aber genau das war der Tenor. Mein Kollege hat sich davon jedoch nicht beirren lassen. Er hat immer wieder betont, dass das Mädchen auf keinen Fall wieder zurückgehen darf. Mit Erfolg: Noch am selben

Tag wurde das Mädchen in eine Pflegefamilie überstellt. Und zwar neunzig Kilometer vom Elternhaus entfernt. Das war das Beste, was dem Mädchen passieren konnte. Seitdem hat sie ihre Probleme im Griff. Führte sie zuvor abseits der Schule ein Leben in einem kriminellen Milieu, bei dem auch Drogen eine Rolle spielten, ließ sie das nun völlig hinter sich. Wir haben immer noch regelmäßig Kontakt, und ich werde von ihr über die Fortschritte in ihrem Leben informiert. Gerade macht sie den qualifizierten Hauptschulabschluss, und auch allgemein gibt es eigentlich nur gute Neuigkeiten. In ihrer Pflegefamilie fühlt sie sich pudelwohl und kümmert sich sogar um das kleine eigene Kind der Familie – sie bringt das Kind ins Bett, liest ihm zum Einschlafen Geschichten vor. Obwohl die Schülerin inzwischen über achtzehn Jahre alt ist, lebt sie immer noch dort, weil sie nun zum ersten Mal in ihrem Leben ein Gefühl von Wärme und Gemeinschaft erlebt.

Von ihrem ehemaligen Freundeskreis aus der Drogenszene dagegen hat sie sich vollkommen verabschiedet, da sie nun gemerkt hat, dass auch diese nicht gut für sie ist. Damit einhergegangen ist ein kompletter Wandel des Äußeren: Piercings wurden entfernt, der Gangsterstyle abgelegt. Außerdem macht sie nun nicht nur ihren Abschluss, sie sucht auch bereits nach einem Ausbildungsplatz als Erzieherin. Was niemand mehr glaubte oder zu hoffen wagte, ist eingetreten, und die scheinbar so hoffnungslose Geschichte einer misshandelten Schülerin hat doch noch ein Happy End gefunden.

»Als Lehrer stehe ich schnell mit einem Bein im Knast.«

Lebensrettung Teil 2:
Zwischen Misstrauen und falschen Anschuldigungen

Adrian B., 46, Kunstlehrer an einer Realschule in Hessen
Als Lehrer, der für seine Schüler da ist, macht man sich sehr schnell auch unfassbar angreifbar. Da kann es ganz rasch gehen, dass die Schüler untereinander zu tuscheln beginnen. Das sei doch bestimmt mehr als reine Fürsorge oder Nächstenliebe. Als männlicher Lehrer, der sich Sorgen um eine weibliche und womöglich auch noch attraktive Schülerin macht, bist du schnell einer, der von dem Mädchen eigentlich etwas völlig anderes will. Ich muss wohl nicht erklären, was ich damit meine. Selbst wenn an den Gerüchten nichts dran ist, kann dich ein solches Gerede schnell den Kopf kosten. Und das, obwohl nur ein paar Teenager Gerüchte in die Welt setzen, um sich wichtig zu machen oder Aufmerksamkeit auf sich zu ziehen.

Bei mir ging es in dem Fall des misshandelten Mädchens so weit, dass sich das Thema vom Schulhof bis hinauf ins Lehrerzimmer herumsprach. Wie schon erwähnt, waren meine Kollegen in dem Fall nicht sonderlich hilfsbereit. Dazu kam noch der Umstand, dass es sich um ein Kollegium handelte, in dem jeder dem anderen misstraute. Wenn man dort mit derartigen Gerüchten konfrontiert wird, steht man natürlich blöd da. Und man kommt auf Gedanken, die man eigentlich selber nie haben wollte: Nämlich ob man noch einmal in dieser Weise für eine Schülerin eintreten sollte – und sich neben den Sorgen und dem hohen Zeitaufwand auch noch den zermürbenden Umgang mit Gerüchten oder falschen Anschuldigungen aufhalst.

Ich kann inzwischen durchaus auch Lehrer verstehen, die eine für mich eigentlich undenkbare Distanz zwischen sich und ihren Schülern aufbauen. Das ist meist kein böser Wille, sondern schlicht und einfach ein Selbstschutz, um nicht in schwer kontrollierbare Situationen zu geraten. Mittlerweile ist auch mir diese eine traurige Wahrheit bewusst geworden: Jeden Morgen, an dem ich einen Fuß auf das Schulgelände setze, stehe ich schon halb im Knast. Das ist so, weil Gerüchte immer auch ein Eigenleben führen.

Das bedeutet natürlich auch, dass man keinesfalls allein mit einem Schüler oder einer Schülerin bei geschlossener Tür in einem Raum sein darf. Was eigentlich jedem Lehrer schon während des Referendariats eingetrichtert wird. Weil man sich sonst angreifbar macht: Denn wer weiß schon, was der böse Lehrer mit der armen Schülerin hinter der Tür alles anstellt? Und hat nicht eben erst ein Mitschüler erzählt, dass er durch das Schlüsselloch beobachten konnte, wie genau dieser Lehrer der Schülerin unter den Rock gegriffen hat? Solche Verleumdungen werden immer wieder bekannt, und es ist schwer bis unmöglich, einen derartigen Imageschaden wieder völlig zu beheben.

Trotz all dem gibt es natürlich doch immer wieder Situationen, in denen man mit einem Schüler persönlich sprechen muss. Weil es sich um Themen handelt, die man nicht vor der ganzen Klasse behandeln möchte. Weil die Persönlichkeitsrechte des Schülers zu wahren sind und man niemanden bloßstellen möchte. Nicht immer ist aber genügend Zeit, Kollegen als Rückversicherung hinzuzuziehen, und so muss man etwas erfinderisch werden, um das Gespräch zu führen, ohne selber eventuell in Gefahr zu geraten. Also: Ich will den Schüler nicht in eine peinliche Situation bringen, ich darf aber auch nicht mit ihm allein sein – was tun?

Ich hatte den Fall einer weiteren Schülerin, die immer recht gut war. Ihre Noten lagen meist bei zwei oder drei, dann aber hatte sie plötzlich einen Bomben-Fünfer in einer Klausur. Ich wusste, dass diese Schülerin die Nachricht nicht sehr gut aufnehmen würde, wenn ich sie ihr vor allen anderen mitteilen würde. Sie ist eine jener Schülerinnen, die sich ohnehin immer sehr viel Stress machen und ständig Sorge um ihre Noten haben.

Es kam der Tag, an dem sie die Wahrheit erfahren musste. Weil ich die Schülerin gleich in der ersten Stunde hatte, habe ich mich vorher im Flur aufgehalten. Dort befinden sich mehrere Klassenräume, und es sind am Morgen entsprechend viele Schüler unterwegs. Ich habe dort auf die Schülerin gewartet und sie dann unauffällig zu mir hergewunken. Wir standen also zu zweit inmitten von vielen anderen, konnten in dem Trubel aber persönlich miteinander sprechen, ohne dass uns jemand zuhörte. Gleichzeitig waren genügend Zeugen vor Ort, die gegebenenfalls bestätigen konnten, dass wir nur miteinander gesprochen haben. Natürlich brach die Schülerin in Tränen aus. Aber ich konnte ihr in dieser Situation auch sagen, dass ich wusste, dass diese Note nichts mit ihrem allgemeinen Leistungsstand zu tun hatte. Es handelte sich einfach um einen Blackout, so etwas kommt immer wieder einmal vor. Ich konnte sie auch beruhigen. Hätte ich die Mitteilung jedoch vor versammelter Klasse gemacht, wäre es für die Schülerin so etwas wie ein Weltuntergang gewesen.

So konnte ich mit der Schülerin anschließend in den Klassenraum gehen, und als es dann die Noten gab, war es für sie zwar nicht angenehm, aber es war nicht dieser Riesenschock, der es sonst gewesen wäre. Das sind so Gratwanderungen, die man als Lehrer hinter sich bringen muss.

»Bestechungsversuche von Eltern kommen vor – immer wieder.«

Wenn ein Hirsch die Versetzung sichern soll

Roland K., 48, Geschichtslehrer an einem Gymnasium in Nordrhein-Westfalen

Die Zeiten sind längst vorbei, in denen Eltern das Urteil beziehungsweise die Noten des Lehrers widerspruchslos akzeptieren. Es kommt immer wieder vor, dass Eltern auf ihre ganz eigene Weise versuchen, ihrem Kind den Weg zu ebnen. Bestechung ist sicher ein böser Begriff, aber manche Versuche lassen sich gar nicht anders beschreiben. Der seltsamste Bestechungsversuch, den ich erlebt habe, war ein ganzer Hirsch. Es gibt aber auch Fälle, in denen es um Geld oder besondere Annehmlichkeiten ging.

Die Sache mit dem Hirsch war im Grunde lächerlich, wäre sie nicht auch so traurig und unangenehm gewesen. Ich war zu dieser Zeit an einer Schule in einer sehr ländlichen Region. Es gab dort eine Familie, die wegen ihres Wohlstands bekannt war – eine Familie, deren Oberhaupt im Grunde wie eine Art Pate agierte, bei dem viele Fäden zusammenliefen. Für die Alteingesessen war es vollkommen selbstverständlich, dass man sich bei Problemen an diese Person wandte. Gab es einmal Streit im Dorf, wurde auch hier nicht gleich auf Polizei oder Gericht gesetzt, sondern erst einmal auf »den Vogt«, wie er gemeinhin genannt wurde.

Als ich an die Schule kam, auf die seine Tochter ging, machte auch ich sehr schnell seine Bekanntschaft. Der Mann kam in die

Sprechstunde, sprach mich betont freundlich an und plauderte darüber, dass seine Tochter ja nun von mir unterrichtet wurde. Das ganze Gespräch über herrschte ein freundlicher Ton, der allerdings nicht darüber hinwegtäuschen konnte, warum wir dieses Gespräch führten: Ich hatte dafür Sorge zu tragen, dass die Tochter mit möglichst guten Noten versorgt und es zu keinerlei Problemen bei der Versetzung kommen würde.

Was allerdings mit den realen Umständen kollidierte. Die Tochter war sich sehr genau bewusst, aus welcher Familie sie stammte und welche Macht diese Familie besaß. Kurz: Sie war ein arrogantes, törichtes kleines Ding.

Es kam, wie es kommen musste: Die Noten des Mädchens entsprachen so gar nicht den Erwartungen der Familie. Als ich die erste Fünf gab und geben musste, wurde ich von der Schulleitung kontaktiert, mit der sich wiederum Herr Vogt in Verbindung gesetzt hatte. Man wünschte ein Gespräch. Weil man außerdem wusste, wo ich wohnte – in dem Ort wusste ohnehin jeder, wo jeder wohnte –, schlug man vor, dass ich auf dem Heimweg kurz zu einem Gespräch vorbeikommen solle, da das Anwesen der Familie ja auf meinem Weg liege. Der Schulleiter gab mir in seiner unterwürfigen Art zu verstehen, dass ich dem Vorschlag Folge leisten solle.

Auf dem Anwesen angekommen, fand erneut ein sehr freundliches Gespräch statt, das aber wieder nicht über die wahren Hintergründe hinwegtäuschen konnte. Man gebe sich alle Mühe, die Leistungen der Tochter zu verbessern, ob ich da nicht auch meinen Teil beitragen könne. Soll heißen: die Tochter im Unterricht bevorzugt zu behandeln und auf ihre Defizite Rücksicht zu nehmen. Das ist natürlich nur meine Interpretation, denn wörtlich gesagt wurde das natürlich nicht.

In den Wochen und Monaten danach gingen die Leistungen der Schülerin weiter zurück. Sie selber schien das nicht zu kümmern, sie glaubte weiter, dass ihre Familie das natürlich irgendwie geradebiegen würde. Bald nahm eben diese Familie erneut Kontakt auf. Dieses Mal wurde ich vom Vater persönlich angerufen. Über die Tochter fiel kein Wort. Stattdessen wurde ich gebeten, noch einmal vorbeizukommen, es gäbe etwas, das mich sicher sehr interessieren würde. Was es gab, das war ein Tier. Der passionierte Jäger hatte ausgesprochenes Jagdglück gehabt und einen kapitalen Hirsch erlegt. Mir sollte eine besondere Ehre zuteil werden: Der Vater wollte mir eine Hälfte des Tieres schenken. Im ersten Moment dachte ich, es handle sich um einen schlechten Scherz. Ich lebte allein in einer Zweizimmerwohnung. Was sollte ich da mit einem halben Hirsch anfangen, selbst in zerlegtem Zustand? Zunächst dachte ich auch noch gar nicht daran, dass es sich hier um einen Bestechungsversuch handelte, ich war schlicht vollkommen verwirrt, weil ausgerechnet mir ein halber Hirsch angeboten wurde. Ich lehnte ab. Als ich davon im Kollegium berichtete, erntete ich nur ungläubiges Kopfschütteln – es schien dort selbstverständlich, dass der Vogt den einen oder anderen Kollegen an seinem Jagdglück teilhaben ließ. Für mich endete die Geschichte damit, dass ich eine Versetzung erwünschte und den Ort zum Schuljahresende verließ. Die Tochter war nicht versetzt worden.

Der halbe Hirsch war der erste Bestechungsversuch, den ich in meiner Laufbahn erlebt habe. Es sollte aber nicht der letzte sein, von dem ich hörte und auch nicht der letzte, den ich selbst erlebte.

Wenig später erzählte mir ein Kollege von einem Fall, der sich in Frankfurt zugetragen hat, und der bald auch in den Medien die Runde machte. Als die Geschichte vor Gericht kam, stellten sich die Fakten so dar: Ein Vater befürchtete, dass sein Sohn an der Abiturprüfung scheitern würde. Als er den Jungen eines Tages zur Schule fuhr, setzte er sich danach in eine nahe gelegene Gaststätte und traf dort auf einen Lehrer. Der wollte sich jedoch nicht in ein Gespräch verwickeln lassen, was den Vater wohl auf den entscheidenden Gedanken brachte. Er ging hinüber in die Schule und steckte dem Studienleiter einen Umschlag zu. Darin: 500 Euro, die dazu dienen sollten, den Erfolg der Abiturprüfung des Sohnes zu garantieren. Was nicht gelang. Der Sohn fiel durch die Matheprüfung, der Lehrer meldete den Bestechungsversuch, und der Fall kam vor Gericht. Dort stellte sich schnell heraus, dass es sich um eine spontane Aktion gehandelt hatte. Eigentlich sollten die Euro-Scheine zur Bezahlung einer Mitarbeiterin dienen, doch in seiner Furcht vor dem Abi-Versagen des Sohnes unternahm der Vater dann seinen erfolglosen Bestechungsversuch. Er wurde zu einer Geldstrafe verurteilt.

Nicht immer allerdings sind Bestechungsversuche so offensichtlich. Manche dieser Versuche finden im Verborgenen statt und sind getarnt als kleine Nettigkeit. Als ich nach der Hirsch-Episode die Schule und auch den Wohnort wechselte, war ich gewissermaßen sensibilisiert für unauffälligere Beispiele.

Wie so viele andere Menschen fahre auch ich ein Auto. Und wie alle Autos muss auch meines dann und wann in die Werkstatt. Schnell fand ich in der Nähe meiner Wohnung eine Vertragswerkstatt meines Herstellers. Also fuhr ich hin, erteilte einen Reparaturauftrag – und war begeistert. Bisher kannte ich nur Werkstätten, in denen man als Kunde eher unpersönlich abgefertigt wurde, hier war das vollkommen anders. Für mich gab es keine Wartezeit, in dem Gespräch mit dem Werkstattmeister wurde ich ausgesprochen zuvorkommend behandelt, sogar der Inhaber kam hinzu, wir schüttelten einander die Hände und unterhielten uns freundlich. Während an meinem Wagen gearbeitet wurde, überließ man mir kostenlos ein anderes Fahrzeug – und zwar ein nagelneues Modell derselben Marke, das den Wert meines eigenen Autos deutlich überstieg. Am Ende gab es dann eine Rechnung, die mich sehr überraschte. Lag sie doch deutlich unter dem, was ich zuvor für ähnliche Serviceleistungen zu zahlen hatte.

Das Wort Schule fiel an diesem Tag kein einziges Mal, und ich wurde auch nicht darauf angesprochen, dass ich Lehrer bin. Es sollte eine Weile dauern, bis ich mitbekam, dass der Sohn des

Autohändlers ein Schüler von mir war. Freundlicher Service und niedrige Rechnung – war das eine indirekte Bestechung? Ich weiß es bis heute nicht. Aber ich kenne die psychologische Theorie, die hinter solchen Vorgängen stecken kann. Wir Menschen sind von Natur aus darauf gepolt, dass wir immer etwas zurückgeben möchten, wenn andere uns etwas gegeben haben. Wurden wir gut behandelt, fällt es uns schwer, den anderen schlecht zu behandeln – oder seine Familie, seine Kinder.

Da stellt sich natürlich auch die Frage, wo hört Nettigkeit auf, wo fängt Bestechung an? Wenn Eltern im Gespräch berichten, ihr Kind erzähle nur Gutes über den Lehrer, und auch die schulischen Leistungen hätten sich verbessert, ist das natürlich schön. Doch immer ist so etwas, jedenfalls für mich, auch mit der Frage verbunden, ob da jemand ein ehrlich empfundenes Lob äußert, oder aus Kalkül freundlich ist, um, im Gegenzug ein gewisses Wohlwollen bei der Benotung zu bewirken.

Ein spezielles Thema sind natürlich Geschenke von Schülern beziehungsweise ganzer Klassen an ihre Lehrer. Da gibt es ja alles, vom Blumenstrauß bis zum Gutschein. Nur kann so ein Geschenk schnell auch zu Problemen führen, weil dem Lehrer möglicherweise Bestechlichkeit vorgeworfen wird. Das ist nicht irgendeine Theorie, sondern hat vor Kurzem in Berlin ebenfalls zu einem Gerichtsverfahren geführt.

Was ein Lehrer als Geschenk annehmen darf, das ist nämlich nicht in ganz Deutschland gleich. Je nach Bundesland bestehen erhebliche Unterschiede. In einigen Ländern gilt die vage Regel, es dürfe sich nur um Aufmerksamkeiten von geringem Wert handeln, andere lassen Geschenke gar nicht zu, in wieder anderen ist von einem Wert bis zu 25 Euro die Rede. In Berlin besagt die Regel, dass zehn Euro die zulässige Obergrenze darstellen. Womit das Problem einer Lehrerin in der Hauptstadt begann: Ihr wurde von einer Klasse ein Abschiedsgeschenk im Wert von knapp 200 Euro überreicht. Das fand ein Elternteil nicht angemessen, und so zeigte er die Lehrerin an. Bald schon nahm die Staatsanwaltschaft die Ermittlungen auf wegen des Verdachts der Vorteilsnahme. Was im Grundsatz nicht weit vom Vorwurf der Bestechlichkeit entfernt ist.

Wie sich herausstellte, kannten weder die Schüler noch ihre Lehrerin die Verwaltungsvorschrift, in der die Grenze von zehn Euro beschrieben wird. Was die Sache für die Lehrerin freilich nicht besser machte. Zwar wurde das Verfahren eingestellt, allerdings nur unter der Voraussetzung, dass sie im Gegenzug 4000 Euro an den Staat zahlte.

Nach diesem Fall kam eine neue Diskussion darüber auf, wo denn die Bestechung eines Lehrers beginnt. In dem Zusammenhang wurde auch über manche übliche Praktik gesprochen, die einerseits als selbstverständlich erachtet wurde, andererseits aber rein rechtlich die Grenzen des Zulässigen hinter sich ließ. Auch von meinen Kollegen weiß ich, dass es sich bei den Geschenken schon einmal um einen Gutschein für ein Essen in einem guten Restaurant handeln kann, es gibt Bücher oder auch selbst Angefertigtes, dessen Wert sich allein wegen der erbrachten Arbeitszeit kaum festlegen lässt.

Meiner persönlichen Meinung nach ist der Geldwert aber ohnehin nicht der entscheidende Faktor. Es geht vielmehr um die Gedanken oder Absichten, die sich hinter einem Geschenk für einen Lehrer verbergen. Wenn eine Abschlussklasse einem Lehrer etwas überreicht, um für die gemeinsame Zeit zu danken – was spielt es dann eine Rolle, wie viel das Geschenk gekostet hat? Für diese Schüler ist die Schulzeit vorbei, sie hätten keinerlei Vorteil mehr, wenn sie ihrem Lehrer etwas schenken. Selbst wenn es sich um etwas tatsächlich Wertvolles handelt.

Anders sieht es bei weiterbestehenden Verhältnissen aus. Da darf der gesunde Menschenverstand entscheiden: Ich gehe immer wieder in das griechische Restaurant, das ich so sehr schätze und das der Familie einer Schülerin gehört. Das Essen ist gut und reichlich und den Ouzo aufs Haus zum Abschied gibt es für alle Stammgäste.

»Den perfekten Spicker gibt es – er gehört mir.«

Warum trotzdem 99 Prozent der Spicker einfallslos und oldschool sind

Olaf O., 44, Englischlehrer an einem Gymnasium in Bayern
Ich gebe es zu: Ich war zu meiner Zeit als Schüler ein ausgewiesener Spickkönig. Immer wieder habe ich mir neue Möglichkeiten ausgedacht, habe Tage an der perfekten Umsetzung gefeilt. Das ist nun schon ein paar Jahrzehnte her. Aber gerade weil ich mir immer wieder Neues ausgedacht habe, bin ich von einem Spicker begeistert, der vor einiger Zeit in meine Hände geriet. Er ist wirklich perfekt. Wohl kein Lehrer würde darauf kommen, dass es einen solchen Spicker gibt und dass sich jemand dermaßen viel Mühe gegeben hat, ihn zu erstellen. Denn der Spicker ist ein dickes Buch, ein Dictionary. Und ich werde das Geheimnis lüften, was diesen Spicker so perfekt macht.

Weil ich selber ein kreativer Spickmeister war, und weil es eben auch diesen perfekten Spicker gibt, bin ich andererseits von den Versuchen der meisten Schüler regelrecht enttäuscht. Da gibt es nämlich kaum neue Ideen, keine Kreativität – genutzt werden Tricks, die wohl schon mein Großvater kannte.

Es sind immer noch die kleinen Zettel, die im Mäppchen, im Dekolleté oder auf den Etiketten von Mineralwasserflaschen angebracht werden. Es gibt auch immer noch die auf den Tisch geschriebenen Notizen. Innovationen oder das Nutzen aktueller technischer Möglichkeiten, so etwas ist die absolute Ausnahme.

Auch der im Netz kursierende Trick, das Etikett der Wasserflasche mit Photoshop zu manipulieren und die Inhaltsstoffe durch andere Begriff zu ersetzen, ist nun schon Jahre alt und durch zahllose YouTube-Videos jedem Lehrer bekannt.

Umgekehrt sind von unserer Seite natürlich Handys in Hinblick auf Betrugsmöglichkeiten immer auch ein Thema, die dürfen daher ja unter anderem bei den Abschlussarbeiten gar nicht erst mitgeführt werden. Vor der Prüfung muss jedes einzelne Gerät abgegeben werden. Die Schüler wissen auch, dass es zur Note Sechs führen kann, wenn sie trotzdem ein zweites Handy einzuschmuggeln versuchen. Daher bleibt man als Schüler bei den klassischen Methoden und versucht, diese behutsam zu erweitern.

Ich hatte kürzlich eine Klasse in Vertretung, in der eine kollektive Panik herrschte wegen einer Ex, also einer unangekündigten, aber doch irgendwie erahnten Stegreifaufgabe in Mathe in der nächsten Stunde. Ich habe die Schüler noch einmal lernen lassen, weil es in der befürchteten Klausur um Formeln ging. Irgendwann fiel mir auf, dass auf der Tafel noch das Tafelbild der Vorstunde stand: lauter Formeln et cetera. Einige davon kamen mir komisch vor. Tatsächlich hatten die Schüler vor der Stunde angefangen, dieses Tafelbild zu manipulieren. In der Hoffnung, der Vertretungslehrer würde das nicht bemerken. Ich habe es aber bemerkt und die Tafel umgehend zugeklappt. Was die Klasse sehr traurig machte, da sie doch einige Mühe in das Ausarbeiten und Erstellen ihres überdimensionalen Spickers gesteckt hatten. Einen Versuch war es wert. So etwas ist allerdings auch schon das höchste der Gefühle in Hinblick auf Innovationen des Spickens.

Kurz darauf habe ich den sehr einfallsreichen, aufwändig erarbeiteten und vermutlich perfektesten Spicker in die Hände bekommen – nachdem alles vorbei war allerdings. Genutzt wurde der im Rahmen einer Klausur im Englischunterricht, während der ein Dictionary verwendet werden durfte, ein englisches Wörterbuch, nicht englisch-deutsch, sondern englisch-englisch. Was viele Schüler zu der Überzeugung bringt, dass ihnen so ein Dictionary während einer Klausur gar nicht·hilft. Gerade in den höheren Klassenstufen sind es ja nicht nur Multiple-Choice-Aufgaben, sondern auch ganze Aufsätze, die zu verfassen sind. Je nach dem zuvor behandelten Stoff wissen Schüler ja zumindest in Grenzen, welche Themenbereiche für diese Aufgabe in Frage kommen. Sie können sich also bestimmte Begriffe aneignen, die dann Punkte geben für Wortschatz, Grammatik oder Inhalt.

Zum Dictionary muss man noch sagen, dass diese Bücher in einer besonderen Art und Weise erstellt sind. Wörter sind in ganz spezieller Form dargestellt – in Silben zerlegt, mit Punkten getrennt, je nach Wortart dick oder kursiv.

Ein Schüler hat sich eines Tages im Vorfeld einer Klausur an die Arbeit gemacht, sein Dictionary zu manipulieren und das gewünschte Wissen darin zu verpacken. Mit Hilfe von Computerprogrammen wie Word und Photoshop. Die Begriffe wurden in Word in exakt der Schriftart des Dictionary geschrieben und auch mit den dafür typischen Zeichen oder Trennungen versehen. Inklusive Fett- oder Kursivschreibung natürlich. Anschließend hat der Schüler die auf diese Weise nachgeahmten Seiten des Dictionary ausgedruckt und ausgeschnitten. Das war aber noch nicht alles: Wörterbücher wie ein Dictionary zeichnen sich häufig dadurch aus, dass die Seiten aus einem speziellen und vor allem besonders dünnen Papier bestehen. Der Plan des Schülers bestand nun darin, dass er seine ausgedruckten Imitationen in das echte Dictionary zwischen die originalen Seiten einfügen wollte. Nur hätte das auffallen können, würde der Lehrer zur Kontrolle durch das Buch blättern und dabei feststellen, dass Teile des Buches aus dickerem Druckerpapier bestanden. Also hat der Schüler auch gegen dieses Problem etwas unternommen: In aufwändiger Handarbeit hat er die Rückseiten des Papiers mit Schleifpapier so lange bearbeitet, bis die Dicke exakt den echten Seiten entsprach.

So wurden mal ganze Seiten ersetzt, mal auch nur Teile und einzelne Begriffe. Tatsächlich war der Spickversuch erfolgreich, der Schüler schaffte später seinen Abschluss und verabschiedete sich in Ausbildung und Berufsleben. Im Grunde hätte er seinen Versuch nie aufdecken müssen. Nur wollte der Schüler nach dem Schulabschluss sein Dictionary verkaufen, fand aber selbst nicht mehr alle manipulierten Seiten wieder. Daher machte er sich einen Spaß und schickte das Buch anonym an seinen ehemaligen Lehrer – also an mich. In Erinnerung an einen Schüler, der in einem beigelegten Brief auch beichtete, was er mit dem Inhalt gemacht hatte. Ich weiß bis heute nicht offiziell, wer dieser Schüler war, ich habe aber einen sehr gezielten Verdacht. Böse bin ich ihm nicht, sondern erzähle immer wieder gerne von diesem vermutlich besten Spicker der Welt, der in meinem Bücherregal einen Ehrenplatz einnimmt. Nicht etwa, weil ich alle Schüler zum Betrügen aufrufen will, sondern weil dieses Beispiel von so viel Kreativität und auch handwerklichem Geschick erzählt. Vermutlich wusste der Schüler nach der Arbeit an dem Werk ohnehin schon alles, was er auf diese Weise festhielt – weil er so viel Zeit damit verbracht hat.

Ein ganz neues Thema in Sachen Spicken gibt es übrigens doch: Es sind die sogenannten Smartwatches wie Apples iWatch. Wir Lehrer wurden gerade erst bei einer Konferenz darauf hingewiesen, dass wir künftig auch die Armbanduhren unserer Schüler begutachten sollen. Weil eben mit so einer Apple-Watch, deren Apps und der Möglichkeit, ins Internet zu gehen, eine ganz neue Dimension von Spickmöglichkeiten entsteht. Aber es wird wohl noch eine Weile dauern, bis auch solche Uhren wirklich verboten werden.

»Die Ansage lautete: Alle Mädchen werden flachgelegt!«

Klassenfahrt ins Chaos – und was Manitu damit zu tun hat

Bernd R., 36, Deutschlehrer an einer Hauptschule in Baden-Württemberg

Die Klassenfahrt ist Ursprung zahlloser Legenden auf wohl jeder Schule. Ein Ausflug in eine Welt außerhalb des Klassenraumes, in der die Schüler Grenzen auskosten und ein Lehrer die Nähe des Wahnsinns fühlt. Denkt man. Tatsächlich gibt es höchst unterschiedliche Formen dessen, was auf einer Klassenfahrt geschehen kann. Das reicht vom absoluten Chaos bis hin zu unerwarteter Entspannung, da die Schüler gar nicht daran denken, aus der Rolle zu fallen.

Meine erste Klassenfahrt fand statt, als ich an einer Brennpunktschule unterrichtete, an der es andauernd extreme Disziplinprobleme gab. Prügeleien unter Jungs waren im Schulalltag an der Tagesordnung. Und von so etwas wie Achtung gegenüber anderen Schülern und vor allem natürlich gegenüber dem weiblichen Geschlecht konnte keine Rede sein. Wenn die Jungs einen guten Tag hatten, wurden Mädchen »Schlampe« genannt, an anderen Tagen herrschte die Anrede »Hure« vor.

Trotz aller Probleme kam der Tag, an dem ich mit einer siebten Klasse auf Klassenfahrt gehen sollte. Es wurden Tage, die ich nie vergessen werde. Tage, die auch die Vorstellung davon erschütterten, zu was manche Jugendliche fähig sind. Von Anfang an herrschte eine seltsame Stimmung, die sich für mich zunächst jedoch nicht wirklich festmachen ließ. Wir fuhren nach Berlin, und seltsamerweise zeigten sich gerade die männlichen Schüler dabei ungewohnt entspannt und gut gelaunt. Die Mädchen dagegen schienen mir ausgesprochen zurückhaltend und sogar ängstlich. Auf Nachfrage, was denn los sei, kam immer nur die eine Antwort: Nichts sei los, alles in Ordnung.

In Berlin angekommen wurde die Stimmung immer merkwürdiger. Die Mädchen schienen ständig auf der Flucht, schlichen sich regelrecht aus der Jugendherberge – und zwar nie allein, sondern immer in möglichst großen Gruppen. Diejenigen, die in der Herberge blieben, versammelten sich ebenfalls immer in einer Gruppe in einem Raum.

Bei den gemeinsamen Ausflügen mit uns Lehrern wurde die Stimmung ebenfalls immer seltsamer. Natürlich ist es in dem Alter völlig normal, dass Jungs den Kontakt zu Mädchen suchen und umgekehrt. Hier aber war es anders, da gab es keinen einzelnen Jungen, der unbeholfene Annäherungsversuche unternahm. Es waren immer mehrere Jungs, die sich gemeinsam einer Gruppe Mädchen näherten. Die aber fühlten sich alles andere als geschmeichelt, sondern suchten möglichst schnell das Weite. Woraufhin von den Jungs lautes Gegröle und Lachen zu hören war.

Natürlich kam mir das seltsam vor, und natürlich fragte ich erneut nach. Doch wieder bekam ich keine brauchbaren Antworten. Bald gingen die Annäherungsversuche der Jungen auch in Gegrapsche über, was natürlich schnell unterbunden wurde.

Doch noch immer war die Lage zwar nicht allzu angenehm, aber doch weit von einer Eskalation entfernt. Bis ich ein Mädchen weinend und ausnahmsweise allein in einem Flur auffand: Ein Junge habe ihr gesagt, er würde sie entjungfern, ob sie wolle oder nicht – weil es sich für eine Hure so gehöre. Einen Namen wollte sie allerdings nicht nennen.

Natürlich wurden die Schüler zur Rede gestellt, doch jeder bestritt, dergleichen gesagt zu haben. Es war schon Abend, und trotz aller Bekundungen, dass alles in Ordnung sei, schwante mir, dass da etwas ganz und gar nicht stimmte. Noch einmal nahm ich mir ein paar der Mädchen vor, mit denen ich in der Schule immer sehr gut konnte, und die mir vertrauten, wie ich hoffte. Bald flossen die nächsten Tränen, und die Mädchen machten zaghafte Andeutungen, was hier vor sich ging. Die Jungen hätten schon Tage vor der Klassenfahrt angekündigt, was das eigentliche Ziel dieser Tour sein sollte: Jedes einzelne Mädchen sollte von jedem männlichen Schüler mal richtig rangenommen werden, wie sie es ausdrückten.

Inzwischen war es schon spät geworden, doch so etwas konnte ich nicht auf sich beruhen lassen. Alle Schüler und Schülerinnen wurden zusammengerufen. Dann berichtete ich, was ich gehört hatte. Einige der Jungs hatten offensichtlich allen Verboten zum Trotz schon Alkohol getrunken. Und meine Fragen wurde einmal mehr mit lauten Rufen und Lachen quittiert. Der Alkoholpegel führte auch dazu, dass die Schüler offen sagten, was Sache war: Vor allen Lehrern bestätigten sie, dass auf dieser Fahrt alle Mädchen »flachgelegt« werden sollten – ob sie wollten oder nicht. Diejenigen, die nicht wollten, würden mit K.o.-Tropfen willenlos gemacht und eben dann flachgelegt.

Es handelte sich also um die offizielle Ankündigung einer Straftat, woraufhin der Rest der Klassenfahrt natürlich sofort gestrichen wurde. Als Lehrerschaft bleibt einem da keine andere Maßnahme übrig. Kein Lehrer fährt auf so einer Reise mit, tut sich das an – und muss sich am Ende eventuell noch beschuldigen lassen, weil man ja die Aufsichtspflicht hat.

Wie gesagt, handelte es sich um Schüler einer Schule, die auch offiziell als Brennpunktschule eingestuft ist. Aber auch an anderen Schulen herrschen teilweise Umstände, die es im Grunde unmöglich machen, dort noch Klassenfahrten durchzuführen. Da ist häufig der Lehrer nur noch das Feindbild, das es auszumerzen gilt. In so einem Fall setzt sich ein Lehrer geradezu Risiken aus, wenn er mit solchen Schülern auf Reisen geht. Außerdem kommt noch die Frage hinzu. Warum eigentlich? Eine Klassenfahrt hat ja etwas von einer Belohnung, auf die sich die Schüler freuen und freuen sollen. Es handelt sich um ein Privileg und nicht um ein Recht, das einem in jedem Fall zusteht. Haben sich die Schüler dieses Privileg nicht verdient, können sie es nicht in Anspruch nehmen. Das ist meine Meinung.

Meine letzte Reise allerdings war ein Schockerlebnis der ganz anderen Art – weil alles so entspannt ablief. Alle Kollegen warnten mich, dass ich da mit Kandidaten unterwegs sein würde, die garantiert Unmengen an Alkohol und Zigaretten mit ins Gepäck schmuggelten, dass ich nachts keine ruhige Minute finden würde, da ich ständig irgendwelche Feten würde unterbrechen müssen. Die Realität zeigte sich im absoluten Gegenteil. Es gab keinerlei Exzesse, alle Schüler lagen immer rechtzeitig im Bett, sobald Sperrstunde war.

Was vermutlich aber nicht allein daran lag, dass die Schüler keinerlei Lust auf gemeinsames Feiern oder heimliches Trinken hatten. Es war vermutlich doch mehr die Luft. Die Großstädter waren an den üblichen Dunst der Straßen gewöhnt, sie ahnten aber nicht, was es hieß, dass es nun für ein paar Tage an die Nordsee ging. Frische Seeluft und die eine oder andere Wattwanderung können tatsächlich gewisse Wunder vollbringen, die sogar Jugendliche den Wunsch nach Schlaf über den nach Abfeiern stellen lassen.

Findet eine Klassenfahrt statt, nutzen manche Schüler die Gelegenheit gern, um kleine Verschwörungstheorien zu entwickeln, in deren Mittelpunkt nicht selten die Lehrer stehen. Am Ende einer solchen Klassenfahrt war ich nach Meinung der Schüler mit unserer Fremdenführerin so gut wie verheiratet. Da waren sich alle einig. Die sehr sympathische Dame trug den Namen Marnie. Das war kein Spitzname, sondern ihr tatsächlicher Name, da ihre Eltern wohl Hitchcock-Fans waren und sie nach dessen gleich lautendem Film benannten. Die Schüler wussten natürlich wenig über den britischen Regisseur, und auch der fast fünfzig Jahre alte Film war ihnen unbekannt. Sie verstanden daher auch nicht Marnie, sondern Mani – woraus nach einer Reihe von Wortspielen schließlich Manitu wurde. Das wiederum mündete bald in einer Unmenge weiterer Wortspielchen. Die Dame und ich hätten inzwischen den Marterpfahl ausgegraben, wir würden zusammen die Friedenspfeife rauchen. Das ging die gesamte Klassenfahrt über so und hat auch danach noch Monate angehalten. Als einmal im Unterricht versehentlich mein Handy klingelte, kam aus der Klasse sofort die Frage »Ist das Manitu?«. Als es auch noch an der Tür klopfte, folgte ebenfalls die Frage »Oder ist das Manitu?«. Herein kam die Schulleiterin, die wenig später den Raum wieder verließ, was die Schüler zu der Aussage veranlasste »Manitu ist aber schnell alt geworden«. Stand ein Karton im Klassenzimmer herum, wurde das mit den Worten »Ist da Manitu drin?« kommentiert.

Klassenfahrten sind nicht immer von Exzessen geprägt, es will auch nicht immer jeder jede flachlegen – aber manchmal hat auch die harmloseste und angenehmste Klassenfahrt Folgen, an die eigentlich niemand vorher gedacht hat. Auch wenn diese Folgen ebenfalls harmlos sind.

»Gretchenfrage ist lustig, Zweihundert-Kilo-Arsch ist eine Frechheit.«

Warum Lehrer immer wieder gerne über Schüler lästern – und warum Lästern nicht gleich Lästern ist

Cécile P., 29, Deutschlehrerin an einer Realschule in Hamburg

Für Schüler ist es selbstverständlich, hinter deren Rücken über die Lehrer zu lästern. Aber Lehrer? Dürfen die überhaupt lästern? Natürlich dürfen sie es, und sie tun es regelmäßig – was Eltern natürlich nicht gerne hören. Vor allem im Lehrerzimmer erzählt man sich von den verbalen Ausrutschern, den Peinlichkeiten oder einfach nur den teils brüllkomischen Aussagen. Wenn ich von diesem Lästern rede, meine ich damit das, was ich positives Lästern nenne. Man spricht einfach über Dinge und Schüler, die komisch sind. Es gibt allerdings auch etwas, das man als negatives Lästern bezeichnen kann. Einige Lehrer äußern sich sehr gehässig über bestimmte Schüler, sie beleidigen sie sogar öffentlich und missbrauchen damit ihre Macht.

Diese Kollegen lästern über Schüler auf eine Art und Weise, die ich unerträglich finde. Da kommen Sprüche, die unter die Gürtellinie gehen und auch beleidigend sind. Teilweise sogar ausgesprochen bösartig. Ein Schüler wird dann schon mal mit Worten beschrieben wie »Hohl wie die Nacht finster«. Es wird über junge Menschen hergezogen in der Form, dass sie einfach unfassbar dumm seien, und jeglicher Unterricht im Grunde nichts anderes als Zeitverschwendung darstelle. Besonders schlimm wird es, wenn diese Lästereien über das Lehrerzimmer hinausgehen und womöglich sogar in persönlichen Beschimpfungen münden. Da wird einer korpulenten Schülerin an den Kopf geworfen, sie solle sich auf ihren Zweihundert-Kilo-Arsch setzen, oder einem unter Akne leidenden Schüler wird verächtlich gesagt, er solle es mal mit Waschen versuchen, dann würden auch die Pickel verschwinden.

Es steht außer Frage, dass es immer wieder wirklich schlechte und zugleich unwillige Schüler gibt und bei einigen von ihnen prallt jede Ermahnung ab. Elterngespräche bleiben ebenfalls ohne Ergebnis oder finden gar nicht erst statt. Gerade die bösartigen Kollegen sehen das aber auch als eine Chance: Sie wissen, dass sich die Eltern nicht um ihren Nachwuchs und dessen Leistungen kümmern – also ist es auch unwahrscheinlich, dass sie etwas unternehmen, wenn das Kind sich vom Lehrer grenzwertige Bemerkungen anhören muss. Was ausgenutzt wird. Damit bauen diese Kollegen einerseits ihren Frust ab, beschädigen damit aber auch ein junges Leben, das es ohnehin nicht einfach hat.

In manchen Schulen ist negatives Lästern gang und gäbe. Da sitzt man dann und fragt sich, wie Lehrer mit solcher Einstellung gegenüber Schülern arbeiten können. Über Disziplinprobleme in den Klassen braucht sich in der Folge niemand mehr zu wundern: Respektlosigkeit erzeugt Respektlosigkeit – das ist ein simpler Ping-Pong-Effekt.

Meist geht es bei uns in Sachen Lästern eher harmlos zu. Gerade gestern gab es eine Situation auf dem Schulhof, die im Lehrerzimmer für minutenlanges Lachen gesorgt hat. Auf dem Hof war eine Schülerin auf mich zugekommen mit der Ansage, dass ich mich doch immer mit allem auskenne, und wie es denn mit Goethe aussehe. Ich habe erst einmal gefragt, worum es eigentlich geht. Die Schülerin antwortete, dass sie ein Goethe-Referat vorzubereiten habe und sich von mir ein paar nützliche Informationen erhoffe. Worauf ich sagte:»Erst mal die Gretchenfrage vorweg: Bis wann musst du das Referat denn fertig haben?«

Antwort Schülerin:»Gleich, nach der Pause. Und was ist ›ne Gretchenfrage?«

Da lacht man sich als Lehrer natürlich tot. Für alle Leser, deren eigene Schulzeit und die entsprechenden Goethe-Referate schon zu weit in der Vergangenheit liegen: In Goethes Faust stellt die Gretchen genannte Figur Margarethe dem Faust die Frage:»Nun sag, wie hast du's mit der Religion? Du bist ein herzlich guter Mann, allein ich glaub, du hältst nicht viel davon.« Daraus entstand der Begriff Gretchenfrage für eine unangenehme und oft peinliche Frage. Bei einem Goethe-Referat wäre es also durchaus sinnvoll, die Bedeutung des Begriffes zu kennen. Wir haben danach im Lehrerzimmer gesessen und uns wirklich kaputt gelacht.

Vor allem weil mit der Gretchenfrage die Sache noch nicht beendet war. Ich habe nämlich noch einmal nachgehakt und die Schülerin gefragt:»Sagt dir das denn wenigstens was: Zwei Seelen wohnen, ach! In meiner Brust?«

Die Antwort der Schülerin lautete:»Ach Mann, ich hab gedacht, sie helfen mir mit Goethe. Mit ihrer Brust kann ich nun wirklich nichts anfangen.«

Woraufhin ich es mit einem dritten Zitat versuchte:»Oh Augenblick, verweile doch.«

Daraufhin atmete die Schülerin tief und enttäuscht durch:»Also ehrlich, das können Sie auch zu Hause lassen.« Damit war die Unterhaltung beendet. Wie das Referat ausgefallen ist weiß ich leider nicht.

In meiner aktuellen Klasse gibt es noch einen anderen Fall, über den meine Kollegen und ich in letzter Zeit lachen können und positiv lästern. Da gibt es einen Schüler, der im Gymnasium durchgefallen ist und nun zu uns an die Realschule gekommen ist. Es ist ein Junge, der im Unterricht eher durch Passivität auffällt und bewusst Minimalleistungen erbringt, mit denen er noch irgendwie durchzukommen meint. Sein Lebensmotto in dem Zusammenhang lautet: Vier gewinnt. Wenn er eine Vier schafft, reicht es seiner Meinung nach völlig. Vier ist bestanden, bestanden ist gut, gut ist Zwei, und Zwei ist fast eine Eins. Passt also. Ich auf der anderen Seite habe mir Sorgen gemacht, wie es mit dem Schüler bei dieser Einstellung weitergehen soll. Auch mit den Eltern wurde darüber gesprochen – ihr Sohn ist nur passiv anwesend, macht keine Hausaufgaben, schreibt nur Vierer und so weiter. Genutzt hat es nichts.

Aber dann kam plötzlich alles anders. Von einem Tag auf den nächsten arbeitete der Schüler plötzlich sehr aktiv im Unterricht mit. Auch seine Leistungen in den Klausuren schossen nach oben. Statt immer neuen Vieren schrieb er nun Einser und Zweier. Im Kollegium haben wir uns darüber unterhalten, woran das nun plötzlich liegen kann. Was mit dem Schüler los sei, haben wir uns gefragt, und ob die Eltern nun plötzlich doch ein intensives Gespräch mit dem Sohn geführt und ihn auf die richtige Spur gelotst hätten?

Dann aber hatte ich Pausenaufsicht und entdeckte den Schüler mit einem Mädchen aus der Parallelklasse händchenhaltend zusammenstehen. Bis zu diesem Zeitpunkt war der Junge in Hinblick auf Mädchen in erster Linie durch vermeintlich coole Sprüche aufgefallen. Mädels checke er alle ab und mache sie klar, dann ist gut. Mehr als Sex wolle er nicht von denen, für mehr seien sie nicht zu gebrauchen. Also typisches Jung-Macho-Gehabe. Aber nun stand er da, lächelte das Mädchen liebevoll an und über seinem Kopf schwebten förmlich rosa Herzen.

Später hab ich ihn darauf angesprochen und gefragt: »Was ist denn mit dir los? Eine Freundin und nicht mehr einfach nur abchecken?« Er wand sich, lief ein wenig rot an und stammelte ein paar Worte. Woraufhin ich noch einmal nachhakte und wissen wollte, ob die junge Liebe eventuell mit dem frisch erwachten Arbeitseifer im Unterricht in Zusammenhang stehe.

Was er bejahte und sagte: »Die meinte, wenn ich so'n Aso bin und nur Scheißnoten habe und wieder durchfalle, will sie mich nicht.«

Das sind natürlich auch so Geschichten, über die man lachen und ein wenig lästern kann, wenn man mittags zusammensitzt. Der lernfaule Obermacho, der von einem Moment zum nächsten zu einem willenlosen Sklaven der ersten großen Liebe wird und sein gesamtes Leben dafür umkrempelt. Darüber kann man sich amüsieren und sich zugleich natürlich auch darüber freuen, dass der Schüler auf diese Weise seine schulischen Leistungen ankurbelt.

»Manche Schüler büffeln, bis im Wortsinne der Arzt kommt.«

Wenn Schüler mehr lernen wollen, als gut für sie ist

Ralf M., 33, Chemielehrer an einem Gymnasium im Saarland

Ich kann es nicht mehr hören: Die Schüler von heute sind faul, sie können kein klares Wort mehr sprechen geschweige denn eines schreiben. Ich habe da ein ganz anderes Problem, über das leider zu wenig gesprochen wird. Es geht um Schüler, deren ganzes Leben aus Schule, Lernen und Üben besteht. Die haben im Grunde gar keine Freizeit mehr. Warum? Weil diese Schüler immer wieder hören, dass wir und damit auch sie in einer Leistungsgesellschaft leben. Mit der Folge, dass sie diese Leistungsgesellschaft im Klassenzimmer leben. Allerdings geht sie nicht von der Schule oder den Lehrern aus, sie kommt von den Eltern und immer wieder auch von den Schülern selbst. Weil sie mitbekommen haben, dass im Leben allein die Leistung zählt, und weil sie es glauben. Am Ende landen immer wieder solche Schüler beim Psychiater oder sogar in der Klinik, weil sie den selbst gemachten Stress nicht mehr bewältigen können.

Es gibt wirklich Schüler, bei denen es nur noch darum geht, dass sie am besten immer Einser schreiben. Weil sie glauben, dass es sonst später keine Lehrstelle oder schon gar keinen Studienplatz gibt. Das hören die irgendwo und verinnerlichen es schließlich. Gerade zartbesaitete Schüler machen sich dann einen extremen Stress. Die sitzen zum Beispiel bei Klausuren so verspannt da, dass man als Lehrer regelrecht Angst bekommt: Sie werden kreidebleich, ihnen bricht der Stress-Schweiß aus, sie atmen schnell. Solche körperlichen Stress-Reaktionen wirken sich natürlich auch auf das Gehirn aus, die eigentlich bekannte Lösung einer Aufgabe ist plötzlich gar nicht mehr so klar, was den Stress wiederum noch einmal verstärkt und so weiter und so fort. Bis schließlich gar nichts mehr geht.

Dahinter können sich unterschiedlichste Gründe verbergen. Zum Teil gibt es tatsächlich Eltern, die den Kindern diesen Stress bereiten. Die sind dann selber beruflich aktiv und haben den Zwang zur Leistungsbereitschaft dermaßen verinnerlicht, dass sie ihn direkt an die Kinder weitergeben. Nicht aus bösem Willen, sondern weil sie es nicht besser wissen. Nur die Besten kommen voran im Leben, Mittelmaß wird schnell von den anderen überholt – so in dem Stil. Ich persönlich kann so etwas überhaupt nicht nachvollziehen, weil ich als Kind noch nach der Devise erzogen worden bin, dass es für gute Noten keine Belohnung, für schlechte aber auch keine Bestrafung gibt. Nur durchfallen soll man bitteschön nicht.

Besagte Eltern könnten mit derartigen Aussagen aber gar nichts anfangen. Die pushen ihrer Kinder, wann immer es geht, stressen sie mit immer neuen Forderungen nach Bestnoten und zeigen deutlich ihr Unverständnis, wenn diese Bestnoten nicht erreicht werden. Woran sie zumindest eine Mitschuld tragen.

Es gibt aber auch die anderen Fälle. Bei denen sind nicht die Eltern der Auslöser, sondern der Schüler und sein Weltbild. Ich habe selber schon Gespräche mit Eltern solcher Kinder geführt, die einfach nicht mehr wussten, was sie noch tun sollten. Solche Eltern erzählen davon, dass das Kind den ganzen Tag nur am Schreibtisch sitzt und lernt, dass es kaum noch etwas isst und abends schlecht schläft. Kommt das Kind dann trotz allen Lernens einmal mit einer Drei nach Hause, ist es untröstlich und weint den ganzen Tag. Die Eltern sind in solchen Fällen meist völlig ratlos. Sie beteuern, dass sie das Kind nie unter solchen Leistungsdruck gesetzt haben, es vielmehr immer wieder auch in dem Sinne beruhigen, dass eine Drei ja nun weit entfernt von einer schlechten Note ist. Zum Kind allerdings dringen sie damit nicht vor, das ist in seiner eigenen Spirale aus Leistungsdrang und Stress gefangen.

Natürlich handelt es sich dabei um Einzelfälle. Allerdings nicht in dem Sinne, dass es etwa an einer Schule nur einen einzigen derartigen Fall gibt. Vielmehr sind es alltägliche Einzelfälle, ich würde grob schätzen, dass es in nahezu jeder Klasse ein solches Kind gibt. Genau für solche Fälle sind natürlich auch die Schulpsychologen und Sozialarbeiter da – nicht nur für Problemfälle der anderen Art, sondern eben auch für diese Schüler. Da wird dann beraten, wie ein Kind mit Stress in Prüfungssituationen besser klarkommt oder wie sich das Lernpensum so einteilen lässt, dass es auch noch Freizeit und damit Zeit zur Entspannung gibt. Manchmal muss den Kindern aber erst einmal wirklich bewusst gemacht werden, dass das Sitzen am Schreibtisch nicht der gesamte Lebensinhalt ist. Manche haben das fast schon vergessen.

»Komm mir nicht mit ADHS, das ist nicht mehr als ein Mythos.«

Vor dem Ritalin-Rezept sollten Eltern einfach mal den Kopf einschalten

Rachel P., 31, Musiklehrerin an einer Grundschule in Hamburg
»Mein Kind hat ADHS«, ich weiß nicht, wie oft ich das schon gehört habe – und wie oft das völliger Quatsch war. ADHS ist meiner Meinung nach in 99 Prozent der Fälle eine Fehldiagnose. Ich kenne kein ADHS-Kind, bei dem nach meiner Überzeugung die Diagnose zutrifft. Statt Ritalin oder aufwändiger Therapien wäre in den meisten Fällen etwas mehr elterliche Aufmerksamkeit und Zuwendung völlig ausreichend. Ich finde es schrecklich, dass mittlerweile bei jedem irgendwie unruhigen Kind gleich laut »ADHS« gerufen wird. Dieser Trend ist wirklich schlimm.

Ich selber habe auch Schulpsychologie studiert. Da war ADHS natürlich ein großes Thema. Während eines schulpsychologischen Praktikums habe ich einmal einen echten ADHS-Jungen kennengelernt. Bei diesem Kind hatten die Eltern außerdem die klassische Behandlung mit Ritalin verweigert. Dieses Kind hat mir den Unterschied zu den Unmengen sogenannter ADHSler sehr deutlich gemacht. Echte ADHS-Kinder sind überwiegend Jungen, und zwar solche, die klassische Schreibabys waren. Sehr extreme Schreibabys, deren Mütter sich am liebsten umgebracht hätten, weil sie es einfach nicht mehr aushielten. Das Kind, das ich während meines Praktikums traf, war dann auch ein deutliches Beispiel dafür, wie es mit einer solchen Entwicklung weitergeht. Ich halte mich selbst für einen sehr ausgeglichenen Menschen, aber nach diesem Besuch brauchte ich erst einmal einen Tee. Innerhalb von fünf Minuten hatte das Kind drei verschiedene Spiele aus dem Stapel gezogen, hat erst das eine angefangen, ist dann nur Momente später zum nächsten gewechselt, ist rumgerannt und hat rumgeschrien, wieder ein anderes Spiel ausgepackt, und auch das wieder angefangen – und auch wieder abgebrochen. Der damals fünf Jahre alte Junge wechselte im Gespräch schlagartig komplett das Thema und hörte überhaupt nicht zu, wenn man ihm etwas sagte. Dazu kam ein großes Aggressionspotenzial. Er schlug sehr schnell um sich. Meist geschah das einfach zum Spaß, weil er seine Grenzen austesten wollte. Mit dem Ergebnis, dass auch ich mir zwei Schläge ins Gesicht einfing. Da steckte ordentlich Zunder dahinter.

Seit dieser Begegnung kann ich über fast jede ADHS-Diagnose nur mitleidig lächeln. Was wir an den Schulen haben, das sind keine ADHS-Kinder. Es geht vielmehr um Eltern, die sich nicht oder nicht richtig um ihre Kinder kümmern. Solche Eltern schicken ihre Kinder mit einer Cola und einem Nutella-Brot in die Schule, dazu gibt es vielleicht noch eine Zuckerwaffel. Füttert man ein Kind mit Zucker und Chemie, braucht sich aber niemand mehr zu wundern, wenn ein Kind überdreht ist. Kommt dazu noch, dass man den Nachwuchs den ganzen Tag am Handy und der Playstation zocken lässt, verstärkt das die Probleme natürlich. Inzwischen gibt es aufschlussreiche neurologische Studien, die nachweisen, dass sich die Gehirnstruktur, die Sozialkompetenz und die Aufmerksamkeitsfähigkeit verändern, je länger man vor solchen Bildschirmen hockt.

Das heißt: Diese Kinder brauchen weder ein Therapie noch brauchen sie Ritalin. Was sie brauchen, das sind Eltern. Sie brauchen eine Mutter, die sich in die Küche stellt, und die ihnen ein Pausenbrot schmiert. Und sie brauchen einen Papa, der mit ihnen auf den Bolzplatz geht, statt ihnen ein neues Fußballspiel für die

Spielekonsole zu geben. Vor allem brauchen Kinder Eltern, die Nerven haben und aushalten, dass ein Kind eine Trotzphase durchlebt, wenn es bemerkt, dass es nicht alles bekommt, was es will, und dass auch mal das Wort Nein fallen kann. Eltern, die ihren Kindern auch beibringen, dass sie mal stillsitzen und dass sie angefangene Dinge wirklich fertigstellen müssen. Wäre das der Fall, bräuchte wohl kaum ein Kind die Hilfe eines Medikaments wie Ritalin. Wer seinem Kind Ritalin aufnötigt, obwohl es das gar nicht benötigt, der sollte auch auf die Folgen gefasst sein: Ritalin hat im Prinzip die gleiche chemische Zusammensetzung wie die Droge Speed. Jemand, der kein Ritalin benötigt, nimmt Speed oder eben Ritalin, um sich aufzuputschen. Zwei Tabletten Ritalin haben die gleiche Wirkung wie eine Linie Speed.

Ich gehe davon aus, dass von 100 diagnostizierten ADHS-Fällen vielleicht bei fünf Kindern die Diagnose halbwegs den Tatsachen entspricht. Denen hilft das Medikament auch tatsächlich. Weil es im Gehirn den Botenstoff für die Synapsen regelt, die bewirken, dass man konzentriert, fokussiert und ruhig wird. Die 95 anderen Kinder vergiften damit im Grunde nur ihr Gehirn und ihren Körper. Ihnen wird nämlich ständig ein reines Aufputschmittel verabreicht.

»Wir bilden Generationen lebensfremder Ungebildeter aus.«

Schule muss sich ändern, weil die Eltern sich geändert haben

Knut K., 57, Biologielehrer an einem Gymnasium in Rheinland-Pfalz

Ich fange mal mit einem alltäglichen Beispiel an: Letzte Woche hatte ich Pausenaufsicht, eine Gruppe Schüler des Abschlussjahrgangs stand in meiner Nähe und unterhielt sich. Vor allem ging es darum, wer nach der Schule was machen wollte, und wer welchen Beruf ergreifen wollte. Dabei kam auch der Beruf des Lehrers zur Sprache. Die Schüler kamen auf mich zu und einer fragte, was denn ein Lehrer eigentlich verdiene. Ich antwortete, dass es da auf verschiedene Faktoren ankomme und schließlich stellte ich noch die Frage, ob es um das Brutto- oder das Nettogehalt ginge. Die Reaktion darauf war Verwirrung und Unverständnis – was ich denn damit meinte, wurde ich gefragt.

Wie gesagt, es handelte sich nicht um junge Schüler, sondern um Menschen, die schon in wenigen Monaten die Schule verlassen würden.

Vor ein paar Jahren noch hätte ich diese Episode schnell wieder vergessen, sie als Anekdote oder Einzelfall eingestuft. Aber gerade in den vergangenen vier bis zehn Jahren hat sich in den Köpfen der Kinder und Jugendlichen viel verändert. Vermutlich hat jeder schon einmal von dem Tweet einer Kölner Schülerin gehört, die sinngemäß erklärte, sie könne zwar eine Gedichtanalyse in vier Sprachen schreiben, sie habe aber keine Ahnung von Steuern, Miete und Versicherung. Diese Worte entfachten einmal mehr eine Bildungsdebatte. Ob es denn heute wirklich noch wichtig sei, etwas über Goethe zu lernen, ob der Unterricht nicht moderner gestaltet werden müsse. Ich als Lehrer sage: Ja, Schule muss sich ändern – aber nicht, weil Schule heute von gestern ist. Es hat sich vielmehr außerhalb der Schule Entscheidendes getan: Die Eltern beziehungsweise die Familien sind nicht mehr so, wie sie noch vor zwanzig oder auch noch vor zehn Jahren waren. Früher wäre ich mit jedem d'accord gegangen, der gesagt hat, es sei nicht Aufgabe der Schule, den Schülern Alltagswissen einzuimpfen, dafür gebe es ja die Eltern. Früher hätten eben diese Eltern ihren Kindern noch erklärt, worauf sie achten müssen, wenn sie ihre erste Wohnung mieten, was es mit Versicherungen auf sich hat und so weiter.

Aber fragen sie an einer Schule die Jugendlichen doch einfach mal nach Alltagswissen. Was ist ein Dispo, wie oft macht man eine Steuererklärung, was unterscheidet eine Kalt- von einer Warmmiete und was hat es mit der Kaution auf sich, die ein Mieter meist hinterlegen muss? Die wenigsten Schüler werden diese Fragen klar beantworten können.

Pech gehabt, könnte man als Lehrer sagen. Es gibt einen Lehrplan, den Rest wird euch das Leben schon noch beibringen. Meiner Meinung nach macht man es sich so aber zu einfach. Schließlich gibt es ja Schulgesetze. Die variieren zwar von Bundesland zu Bundesland, aber letztlich heißt es dort einerseits, die Schule soll junge Menschen nach ihrer Begabung und ihren Fähigkeiten fördern, zum anderen steht dort aber auch, dass die Schule junge Menschen auf ihre Stellung als Bürger mitsamt den entsprechenden Rechten und Pflichten vorzubereiten hat.

Das aber scheint irgendwie in Vergessenheit geraten zu sein. Viele Kollegen beharren daher auch weiter darauf, dass die Schule für die klassische Bildung zuständig sei, für Alltagsfragen aber eigentlich nicht.

Aber das kann man heute nicht mehr so stehenlassen. Ich kenne aus der Geschichte keine Phase, in der sich das Leben so umwälzend geändert hat. Vor allem das Familienleben. Natürlich hat es schon immer die sogenannten bildungsfernen Schichten gegeben, in denen nicht sonderlich viel Wert darauf gelegt wurde, den Kindern wirklich Sinnvolles beizubringen. Inzwischen aber hat das Problem auch auf die gebildeten Schichten übergegriffen, und zwar in einer sehr seltsamen Form. Dort wird wirklich Wert auf die Bildung der Kinder gelegt. Nur beschränkt sich das zu nahezu 100 Prozent darauf, dass die Kinder gute Noten bekommen. Da wird gelernt und gelernt, schaffen sich die Eltern zusätzlich noch Ratgeber-Bücher an, um das Lernen zu unterstützen – das Lernen für die Schule. Weil der Druck bis zum Schulabschluss noch wächst, kommen andere wichtige Themen gar nicht mehr auf den Tisch.

Wenn ich von Versicherungen oder Dispo gesprochen habe, ist das natürlich nur ein winziger Ausschnitt. Tatsächlich nämlich müsste die Schule inzwischen noch viel mehr Inhalte lehren. Und zwar auch in neuen Formen, die sich noch weiter vom klassischen Unterricht entfernen. Die Schule muss schlichtweg auch die Themen behandeln, denen sich die Eltern heute nicht mehr widmen. Was bedeutet, dass das Schulsystem oder das Lernen an der Schule in großem Stil umgekrempelt werden müsste. Grob gesagt, müssten wir gut ein Viertel des klassischen Unterrichtsstoffes entfernen und durch Neues ersetzen. Man mag mich einen Ketzer nennen, aber viel von dem, was gelehrt wird, und was die Schüler eigentlich nur anstrengt, ist inzwischen überflüssig und auch veraltet. Schließlich gibt es das Internet. Ein Großteil des Wissens der Welt ist in jeder Sekunde für jedermann online erreichbar.

Die gewonnene Zeit müsste mit Themen gefüllt werden, die in unserer Zeit deutlich wichtiger sind: Der richtige und sichere Umgang mit dem Internet etwa, der Umgang mit Medien oder auch der Ernährung. Das wird, wie schon gesagt, bei manchen Kollegen Kopfschütteln auslösen. Aber wir wären dumm, wenn wir nicht wenigstens darüber nachdenken würden. Vor allem wünsche ich mir Inhalte, die auch aktueller sind. Weil sie die Schüler interessieren und weil sich das, was einen Menschen interessiert, auch deutlich besser und schneller lernen lässt.

Natürlich wurde in der Vergangenheit auch immer wieder etwas in dieser Richtung unternommen. An den Grundschulen etwa ist ja inzwischen auch Gesundheitserziehung ein Thema. Aber es wurde nichts umfassend und grundlegend geändert. Mathe ist heute so, wie es vor 20 Jahren war. Mathe, das sind binomische Formeln oder Differentialgleichungen. Was aber spricht eigentlich dagegen, im Mathematikunterricht den Dispokredit zu behandeln oder Mathematik als das zu vermitteln, was sich wirklich dahinter verbirgt: ein Fachbereich, der uns eigentlich immer und überall begegnet. Mathe steckt im Smartphone und in Computern. Wenn man das Fach vor diesem Hintergrund behandelt, werden auch Schüler ganz anders damit umgehen – und sie werden vermutlich nicht direkt nach ihrem Schulabschluss den überwiegenden Teil des Gelernten gleich wieder vergessen haben.

Außerdem würden wir so auch das ganz große Problem der Schule beenden. Grundsätzlich mag jeder Mensch das Lernen, schließlich lernen wir in unserem Leben von der ersten Sekunde an immer wieder Neues und freuen uns auch darüber. Nur die Schule in ihrer jetzigen Form schafft es, diese Lust am Lernen den Kindern und Jugendlichen Schritt für Schritt auszutreiben. Denn an der Schule von heute sind im Grunde alle überfordert. Die Schüler, weil sie nicht aus Lust am Lernen lernen, sondern weil Lernen nichts anderes als eine Fixierung darauf darstellt, dass sie unbedingt gute Noten schreiben müssen; die Eltern, weil genau das auch für sie zu einem Lebensinhalt geworden ist, und nicht zuletzt auch die Lehrer, die in diesem Umfeld entscheidend mitagieren.

In diesem Zusammenhang noch ein Wort zu einem anderen Thema. Natürlich ist es nicht so, dass die Schule von heute nichts

Sinnvolles lehrt. Wenn ich schon Mathematik angesprochen habe, zählt dazu natürlich auch Dreisatz und Prozentrechnung – Wissen, das der Mensch in seinem gesamten Leben immer wieder nutzen kann. Das Problem: Der Schulalltag sieht so aus, dass die Schüler sich im Grunde immer auf die nächste Arbeit, die nächste Klausur und deren spezielle Themen fixieren. Sind Dreisatz und Prozentrechnung sozusagen abgehakt, sind sie kein Thema mehr, weil sie eben auch im Unterricht nicht mehr im Mittelpunkt stehen. Das führt dazu, dass auch derart nützliches Wissen schnell wieder in Vergessenheit gerät und die Schüler als Erwachsene eines Tages Schwierigkeiten mit entsprechenden Berechnungen haben.

Auch weil Schule trotz aller Veränderungen außerhalb und in der Gesellschaft immer noch so funktioniert, wie sie es vor zwei Jahrzehnten tat. Die Menschen begegnen der Schule anders, die Schule begegnet den Menschen unverändert. Das beweist schon der Schulranzen, dessen Inhalt heute zu 80 oder vielleicht sogar 90 Prozent dem des Ranzens von früher entspricht. Auch in den Schulräumen selbst wird sich immer noch jeder zu Hause fühlen, der im vergangenen Jahrtausend die Schule besuchte. Gleichzeitig, und man kann es nicht oft genug wiederholen, sind in dieser Zeit so unzählige Möglichkeiten entstanden, mit deren Hilfe sich Unterricht lehrreicher, moderner und auch unterhaltsamer gestalten ließe.

Eine gute Freundin von mir ist Französischlehrerin und ärgert sich immer wieder, dass der Lehrplan ihr nicht die Freiheiten lässt, die sie sich wünscht oder die sie auch ihren Schülern wünscht. Sie würde viel häufiger so unterrichten, dass ihre Schüler nach dem jahrelangen Lernen nicht nur erfahren haben, wie sie mit der Metro fahren, sondern tatsächlich auch ein lebendiges Gespräch in der Zielsprache führen. Ich weiß, dass es Lehrer gibt, die behaupten, auch im Fremdsprachenunterricht habe sich inzwischen sehr viel getan und der Lehrplan sei gar nicht so rigide. Doch was ich höre, das klingt eben anders. Ich wüsste nicht, dass inzwischen auch einmal über die unzähligen ausgefeilten Apps oder Programme gesprochen wird, die das Lernen und auch das Sprechen lernen einer Fremdsprache regelrecht revolutioniert haben.

Wenn ich bisher davon gesprochen habe, dass Schule neu gedacht werden muss, habe ich allerdings das schwierigste Problem auf dem Weg zur Schule von Morgen noch gar nicht erwähnt. In Deutschland gibt es bekanntlich 16 Bundesländer, und in jedem dieser Bundesländer meint man zu wissen, wie Schule am besten funktioniert – nur ist das am Ende in jedem Bundesland anders. Wer in Bremen als Schüler gut mitkommt und gute Leistung zeigt, kann nach dem Umzug beispielsweise nach Bayern durchaus Probleme bekommen. Die Unterschiede sind teilweise erschreckend, und manche Anforderungen scheinen auch mir als Lehrer übertrieben. Ich habe kürzlich eine Diskussion verfolgt, in der es unter anderem um eine Aufgabe ging, die auf einer Kurzgeschichte aufgebaut war. Die Kinder mussten sich diese Kurzgeschichte einprägen und dann eine Reihe von Fragen dazu schriftlich beantworten. In der Geschichte ging es um eine Schneeflocke, und eine der Fragen lautete, wo diese Schneeflocke denn landete, nachdem sie vom Himmel gefallen war. Ein Schüler hatte geschrieben: »Die Schneeflocke ist auf der Kirche gelandet«, was grundsätzlich stimmte, außerdem gelang die Antwort sogar ohne jegliche Rechtschreibfehler. Trotzdem gab es für die Antwort einen Punktabzug, weil es statt Kirche hätte heißen müssen »auf dem Dach der Kirche«.

Es würde sicher zu weit führen, jetzt auf jedes Detail hinzuweisen, an dem das Schulsystem krankt. Aber es ist wirklich an der Zeit, dass man sich mit dem Gedanken anfreundet, dass da was geschehen muss. Wir müssen einfach auch akzeptieren, dass Familie und Eltern heute anders funktionieren als zu der Zeit, als dieses Schulsystem entstanden ist. Es kann nicht sein, dass wir die Zukunft und die Bildung der Jugend aufs Spiel setzen, weil die Verantwortlichen in der Ecke sitzen und sich wundern, wie sehr sich die Welt beschleunigt hat, während sie selbst sich mit dem Tempo von damals bewegen. Nur bleibt uns nichts anderes übrig, als dieses Tempo deutlich zu erhöhen. Die Alternative wäre, dass Schule irgendwann überflüssig wird, weil die moderne Welt deutlich bessere Bildungsangebote hervorbringt – und vielleicht auch für spätere Arbeitgeber andere Faktoren zählen als die Schulnoten. Natürlich ist das ein Griff in die weite Zukunft; es wird sicher nicht von heute auf morgen kommen, dass Universitäten etwa auf den Numerus clausus verzichten und stattdessen andere Zugangssysteme einsetzen.

Manchen Kollegen mag vor einer neuen und anderen Schule grausen, weil sie sich schon jetzt überfordert fühlen und auf den nächsten Burn-out zusteuern. Aber auch und gerade für uns Lehrer bietet ein modernisiertes Schulsystem Chancen, weil es vielleicht auch aus gelangweilten und desinteressierten Schülern motivierte Schüler werden lässt, die einem Lehrer die Arbeit deutlich erleichtern.

»Wenn Eltern lügen, kann das einen Lehrer den Kopf kosten.«

Das Kind hat schlechte Noten? Da kann nur der Lehrer Schuld sein

Silvia W., 38, Deutschlehrerin an einer Grundschule in Niedersachsen

Ich gebe jedem Lehrer einen ebenso einfachen wie wichtigen Rat mit auf den Weg: Gehe nie allein in ein Elterngespräch. Für mich gilt die Regel, dass ich bei einem solchen Gespräch immer einen Kollegen dazuhole, am besten noch einen Vertreter der Schulleitung. Nicht, weil mir einfach danach ist, sondern weil die Realität gelehrt hat, dass dies der sicherste Weg ist. Wer es noch nicht erlebt hat, mag sich gar nicht vorstellen, wie manche Eltern mit den Inhalten solcher Gespräche umgehen, wenn sie wissen, dass es keinen Zeugen gibt. Da werden einem schnell die Worte derart im Mund verdreht, dass man sie nicht einmal ansatzweise wiedererkennt. Und zwar in einer Form, in der man als Lehrer wirklich blöd dasteht. Inzwischen fühle ich mich durch mein System bei Elterngesprächen recht gut abgesichert. Fälle von Kollegen zeigen mir außerdem immer wieder, wie richtig und wichtig meine Vorgehensweise ist.

Ein Kollege hat erst vor Kurzem ein Gespräch mit einer Mutter geführt, ohne vorsichtshalber Zeugen hinzuzuziehen. Diese Mutter warf ihm vor, ihre Tochter bewusst schlecht zu bewerten – weil er das Kind einfach nicht möge. Was ja im Grunde ein Klassiker der Dreiecksbeziehung zwischen Eltern, Schülern und Lehrern ist:

Dass das Kind ja nur aus dem Grund so miese Noten nach Hause bringt, weil der Lehrer andere Schüler vorzieht. Denn Noten, so wird ja ebenfalls gern erzählt, unterliegen keinem klaren Bewertungsschema, die werden ausgewürfelt oder nach Lust und Laune vergeben.

Mein Kollege jedenfalls unterhielt sich ausgiebig mit der Mutter und erläuterte ihr, wie sich die Noten zusammensetzten, wie sie zustande kämen und dass die Vergabe gar keinen Raum für Animositäten ließe, da in diesem Fall allein nach ›falsch‹ und ›richtig‹ gewertet werde. Der Abfragebogen wurde der Frau auch vorgelegt, in der Hoffnung, spätestens der würde belegen, dass hier an keiner Stelle über den Daumen gepeilt worden war. Der Grund für die schlechten Noten lag einfach darin, dass die liebe Tochter die richtigen Antworten nicht gewusst hatte.

Frau Mutter wollte sich damit jedoch nicht begnügen. Bald erzählte sie herum, der Kollege hätte in dem Gespräch mit ihr zugegeben, dass ihre Tochter ihm unsympathisch sei. Das sei ein Unding, ein solcher Lehrer hätte an einer Schule nichts zu suchen. Vor allem nicht an einer Schule, an der die Tochter gute Noten bekommen sollte. Die Rufmordkampagne also war schon ins Rollen gebracht worden, dann zündete Frau Mutter die nächste Stufe: Das Kultusministerium wurde eingeschaltet. Nun könnte man glauben, so ein Ministerium würde klar hinter seinen Lehrern stehen. Doch auch dort hatte sich die Überzeugung durchgesetzt, dass die öffentliche Meinung sehr hoch einzuschätzen sei, also schlug man sich häufig auf die Seite der Eltern.

Das Ministerium nahm sich des Falles an und untersuchte ihn. Was dazu führte, dass mein Kollege einbestellt wurde und sich in den Hallen des Ministeriums für sein Vorgehen rechtfertigen sollte. Alle Leistungsnachweise der Schülerin mussten vorgelegt werden. Zum Glück ist mein Kollege einerseits ein sehr guter Lehrer, andererseits aber auch ein sehr sorgsam handelnder Mensch. Er hatte alle Unterlagen einwandfrei geführt und konnte so alle geforderten Nachweise erbringen. Am Ende stellte sich dann heraus, dass er sich wirklich keines Fehlers schuldig gemacht hatte. Statt eines Tadels oder einer Strafe bekam er sogar ein Lob dafür, dass er seine Vokabelabfragen nicht einfach nur aus dem Buch heraus machte und dass schriftlich nachvollziehbar mitprotokolliert wurde.

Der Kopf war also aus der Schlinge gezogen. Doch es geht nicht immer so aus, und man sieht an diesem Fall, was Aussagen von Eltern nach sich ziehen können, wenn es für die eigenen Erinnerungen an das Gespräch keine Zeugen gibt.

»Schluss mit dem Whiteboard-Wahnsinn, lasst mir meine Tafel!«

Warum Modernisierung an Schulen nach hinten losgehen kann

Dietrich T., 54, Heimat- und Sachkundelehrer an einer Grundschule in Thüringen

Die wenigsten Menschen haben es vermutlich schon mitbekommen: An vielen Schulen werden derzeit die Kreidetafeln wegdiskutiert. Stattdessen wird nun auf die sogenannten Whiteboards gesetzt. Man sagt, dass sie den Anforderungen einer modernen Schule besser entsprechen. Der wahre Grund ist meiner Überzeugung nach ein anderer: Whiteboards sind in der Anschaffung billiger als die klassische Schreibtafel. Das eigentliche Problem besteht aber darin, dass die Whiteboards einige deutliche Nachteile haben, die sich auf den Unterricht negativ auswirken können. Was derzeit geschieht, ist im Grunde vollkommener Schwachsinn.

Bei uns an der Schule wird gerade sehr viel modernisiert, und dabei werden nun die Kreidetafeln ausgemustert, da es ja besagte Whiteboards gibt. Die haben, wie der Name schon sagt, eine weiße Oberfläche, und auf der kann man mit Filzstiften schreiben. Hinterher lässt sich das Geschriebene – zumindest in der Theorie – ähnlich leicht abwischen, wie bei der klassischen Tafel.

Das hört sich zunächst einmal gut an, und ich selber habe auch erst Juhu gerufen, als ich von den Plänen erfuhr. Inzwischen muss ich das Juhu ein wenig relativieren. Denn eigentlich gibt es gar keine Notwendigkeit, die Kreidetafeln komplett aus den Schulen zu entfernen. Außerdem ist es auch so, dass es bei Neuanschaffungen Ausschreibungen gibt, die dann vornehmlich über den Preis entschieden werden. Das Ergebnis war bei uns, dass wir nun zwar in fast allen Räumen Whiteboards haben – aber Whiteboards, die nichts taugen.

Bei denen ist es zum Beispiel nicht so, dass sie sich ähnlich leicht wie eine Kreidetafel abwischen lassen. Vielmehr bleibt immer ein Rest dessen zurück, was vorher geschrieben wurde. Und wenn das schon bei nagelneuen Whiteboards der Fall ist, frage ich mich, was daraus werden soll, wenn die über Jahre in Benutzung sind und sich die Schriftreste regelrecht stapeln.

Das nächste Problem sind die stark spiegelnden Oberflächen. Scheint durch irgendein Fenster die Sonne, beschwert sich immer mindestens ein Schüler darüber, dass es Spiegelungen gibt. Was bei der Kreidetafel nie vorkam. Letztlich sind die Whiteboards nicht mehr als eine Verschlimmbesserung.

Nun ist Whiteboard aber nicht gleich Whiteboard. Neben der Basisversion gibt es auch noch das interaktive Whiteboard oder Activeboard. Das soll völlig neue Möglichkeiten mit sich bringen, vor allem, weil sich daran ein Computer anschließen lässt. Die damit verbundenen Möglichkeiten klingen zunächst einmal großartig. Der ständige Internetzugriff erlaubt es, zu jedem Thema in jeder Sekunde etwa auf Fotos oder Schaubilder zugreifen zu können. Auch Audiodateien oder kurze Videos lassen sich auf diese Weise in den Unterricht einbinden. Das ist natürlich toll – jedenfalls wenn alles funktioniert. Der Rechner muss laufen, die Internetanbindung muss stehen. Viele Computer funktionieren heute ja schon gar nicht mehr ohne Zugriff auf das Internet.

Natürlich ist das in Haushalten und auch vielen Firmen vollkommen normal. Aber Schule ist da doch noch ein wenig anders. Mir persönlich fehlt der Glaube, dass die notwendigen Systeme wirklich die vielen Jahre reibungslos laufen, bis mal wieder das Geld für eine Aktualisierung vorhanden ist. Vor allem fehlt für solche Fälle auch die Rückfallebene. Denn es ist ja nicht so, dass es in Zukunft eine Alternative gibt. Die Kreidetafeln werden abgebaut und vermutlich entsorgt. Was also soll ein Lehrer machen, wenn das interaktive Whiteboard plötzlich gar nicht mehr interaktiv ist?

Hinzu kommt, dass das Thema Whiteboard immer wieder auch mit Lügen beworben wird. Die geläufigste ist die, dass Whiteboards zu einer Zeitersparnis für den Lehrer führen. Man könne Tafelbilder zu Hause vorbereiten. Was im Unterricht erarbeitet wurde, lasse sich einfach auf einem USB-Stick abspeichern. Tatsächlich führt die bloße Anwesenheit eines interaktiven Whiteboards nicht zu einer Zeitersparnis. Präsentationen, Tafelbilder oder Folien werden ohnehin zu Hause vorbereitet, von den meisten Lehrern allerdings mit Stift und Papier – künftig müssen sie dann noch in eine digitale Form gebracht werden. Und will ich nun öfter Filme zeigen, dann muss ich aus Filmen vorher die entsprechenden Stellen aussuchen, und ich muss in der Kreisbildstelle den Film ausleihen.

Was zum nächsten Problem führt: Die Nutzung der interaktiven Whiteboards muss in den herkömmlichen Unterrichtsalltag eingebunden werden. Nur haben viele Lehrer gar nicht die entsprechenden technischen oder mediendidaktischen Fähigkeiten und Interessen.

Interaktive Whiteboards sind an sich sicher keine schlechte Idee. Nur sollte man darauf achten, dass die Schulen nicht den billigsten Müll anschaffen, und dass das Lehrpersonal auf die Nutzung vorbereitet wird. Vor allem aber ist es ein großer Fehler, die Kreidetafel als problemlos funktionierende Rückfallebene aus der Schule vollkommen zu verbannen.

»Da stehen menschliche Wracks und Psychos vor den Schülern.«

Wenn das Problem nicht in der Klasse sitzt, sondern vor der Tafel steht

Katrin B., 34, Musiklehrerin an einer Oberschule in Bremen
Gerade an staatlichen Schulen gibt es meiner Meinung nach unter den Lehrern mehr Problemfälle als ordentliche Lehrer. Da laufen regelrechte psychische Wracks herum und werden auf die Schüler losgelassen. Bei vielen Kollegen frage ich mich regelmäßig: Was haben die in diesem Beruf verloren, und waren die irgendwann tatsächlich einmal ganz normale Menschen?

Der Klassiker sind diejenigen, die Lehrer geworden sind wegen des Beamtenstatus. Ich will einen sicheren Job, ich will ordentlich verdienen – das ist im Grunde schon deren ganze Motivation. Nur merken die bald, dass die Sache in der Realität nicht so einfach ist. Das stresst sie dann, führt zu Frustration, und irgendwann drehen sie am Rad. Das ist natürlich für spezielle Schüler immer wieder ein Fest, solche Lehrer aus der Reserve zu locken und sie noch weiter an den Rand des Wahnsinns zu treiben. Es gibt durchaus Lehrer dieser Art, die bei den Schülern als Opfer gelten. Da wird es praktisch zum Volkssport erklärt, den Lehrer oder die Lehrerin zur Verzweiflung zu bringen. So nach dem Motto: Wie lange brauchen wir heute, bis er oder sie heulend das Klassenzimmer verlässt? Oder wie viele Verweise kann ich sammeln, bis der Lehrer sich damit endgültig lächerlich macht?

Im Moment bin ich aber in der glücklichen Situation, dass ich genau von solchen Menschen nicht umgeben bin. Noch viel wichtiger: Bei uns ist auch niemand von psychischen Problemen geplagt, wie sie bei Lehrern üblich sind. In den vergangenen Jahren war ich an Schulen, an denen permanent Lehrer wegen psychischen Problemen ausfielen. Nicht nur für ein paar Tage, sondern für eine wirklich lange Zeit. Da gab es sehr lange Krankschreibungen, auch wegen chronischer Erkrankungen. Hier haben wir überhaupt noch niemanden gehabt, der aus solchen oder ähnlichen Gründen längerfristig ausgefallen ist.

Insgesamt aber ist Burn-out ein durchaus häufig auftretendes Problem. Typisch sind auch Depressionen. Ein Kollege von mir litt sogar unter regelrechten Panikattacken. Es gibt eine riesige Palette von psychischen Problemen, unter denen Lehrer leiden. Natürlich fragt man sich irgendwann auch: Woher kommt das? Eine Antwort ist tatsächlich die, dass gerade an großstädtischen Schulen Umstände herrschen können, die an die Substanz gehen. Das hat nur noch sehr wenig mit Unterricht zu tun, wie man ihn sich vorstellt. Da geht es nur noch um Disziplinieren und um Sozialarbeit. Da muss man allen eigenen Problemen zum Trotz auch Psychologe sein und letzten Endes sogar Streetworker.

Dass das auf Dauer nicht spurlos an einem Menschen vorübergeht, versteht sich von selbst. Ich weiß, wie fertig ich nach meinem Referendariat an so einer Schule war. Das hatte aber mit dem Referendariat an sich gar nichts zu tun. Vorher hört man ja immer, dass man in dieser Zeit im Grunde nur eine ausgelieferte Marionette ist, das war bei mir aber nicht der Fall. Ich fühlte mich sehr fair behandelt, benotet und auch gut ausgebildet.

Aber dieses ganze Heckmeck drumherum, das geht einem an die Substanz. Wenn dann das Kollegium zusätzlich nicht stimmt, wenn man hört, dass über einen gelästert wird, oder dass einige Kollegen nicht mit einem reden wollen, ist das sehr belastend.

Wie sich so etwas entwickelt, hängt natürlich immer auch vom Einzelfall und der Stabilität und Persönlichkeit des Einzelnen ab.

Eins muss ich aber auch sagen: Ich habe in meiner bisherigen Laufbahn noch keine tätliche Angriffe auf Lehrer erlebt, die dem Rütli-Schulen-Klischee entsprechen würden. Durch diese Schule in Berlin-Neukölln geriet das Problem Gewalt an Schulen ja vor einigen Jahren monatelang in die Schlagzeilen. Aber es gibt durchaus jene Schüler, die bewusst darauf aus sind zu provozieren. Die wollen einfach den Lehrer zur Weißglut bringen. Wenn solche Schüler merken, dass ihre Provokation Erfolg hat, haben die natürlich eine Schaubühne.

Das heißt aber auch: Wie sehr die Situation im Unterricht aus dem Ruder laufen kann, hängt nicht nur von den Schülern, sondern sehr stark vom Lehrer ab. Es gibt immer wieder Lehrer, die vor einzelnen Schülern regelrecht warnen. Weil die unglaubliche Störenfriede seien, mit denen ein Unterricht im Grunde gar nicht möglich sei. Irgendwann kommt der Moment, in dem man selber mit diesem Schüler konfrontiert wird, und meist ist es dann doch noch möglich, irgendwie einen Draht zu finden. Mir ist es jedenfalls bisher so gegangen, und ich bin sicher kein Einzelfall. Es gehören bekanntlich immer mindestens zwei dazu, wenn etwas nicht so funktioniert, wie es soll.

Bevor man sich über solche Schüler aufregt und schließlich das Handtuch wirft, muss man sich einfach mal bewusst machen, von was für Personen wir hier eigentlich reden. Das sind Teenager, und deren genetisch verankerte Aufgabe besteht nun mal auch darin, dass sie Grenzen austesten wollen. Das mag einem auf die Nerven gehen, aber es hat durchaus seine Berechtigung, weil es für die Entwicklung der Persönlichkeit notwendig ist. Wichtig ist der richtige Umgang damit.

Es ist immer so leicht, die aktuelle Jugendgeneration als die schlimmste aller Zeiten hinzustellen. Aber ich muss ganz ehrlich sagen: Wenn ich an meine eigene Schulzeit zurückdenke, hat sich nicht viel geändert. Natürlich gibt es immer das, was man Zeitgeist nennt, aber letztlich braucht man schlicht Lehrer, die mit Teenagern klarkommen.

»Pädagogik habe ich nie wirklich gelernt.«

Lehramt studieren heißt nicht, das Lehren lernen

Georg K., 61, Lateinlehrer an einem Gymnasium in Brandenburg

Pädagoge und Lehrer – das ist für die meisten Menschen ein und dasselbe. Denn wir Lehrer sind ja diejenigen, die sich neben den Eltern um die Bildung und die Erziehung der Kinder kümmern. Wir machen also das, wofür der Begriff Pädagoge steht. Nur bringt uns das niemand bei, und Lehrer haben eigentlich gar keine Ahnung von realer Pädagogik. Das Lehramtsstudium war und ist immer noch vorwiegend auf die Theorie ausgerichtet und vermittelt eine Menge Wissen, das später kein Lehrer braucht. Da wird immer noch wie in der Schule auch mal gebastelt, wird über Kurzgeschichten diskutiert.

Eines aber haben die meisten der heute aktiven Lehrer nur am Rande vermittelt bekommen: die Pädagogik. Gerade dieses wichtige Wissen kommt im Lehramtsstudium zu kurz. Ich selbst bin in Pädagogik nicht ausgebildet worden. Und auch im Referendariat erfährt ein angehender Lehrer meiner Meinung nach lächerlich wenig über Pädagogik.

Natürlich gibt es während des Studiums auch diese Zwischendurchpraktika, aber selbst dabei erfährt ein Lehramtsstudent im Grunde nichts über den Schulalltag. Das lernt man erst wirklich, wenn man das Lehrersein schon lebt. Man wird also Lehrer und tritt vor die Kinder, ohne in irgendeiner Weise darauf ausreichend vorbereitet zu sein. Diejenigen, die eigentlich von einem Lehrer lernen sollen, stehen also vor einer Person, die genau dieses Lehren nun auch erst lernen muss.

Mir ist sehr wohl bewusst, dass sich seit meinen Studententagen einiges verändert hat. Doch ich weiß sehr wohl, dass auch heute die Pädagogik noch nicht den Raum bekommt, der ihr zustehen müsste. Es werden immer noch zu viele Dinge studiert, die kein Lehrer in seinem Leben braucht. Physiklehrer bekommen Fachwissen vermittelt, das in der Schulphysik vollkommen überflüssig ist. In anderen Fächern ist es nicht anders.

Natürlich braucht ein Lehrer ein fundiertes Grundwissen in den Fächern, die er unterrichtet. Nur bin ich im Alltag eben vor allem als Pädagoge gefragt, was mir in der Ausbildung aber niemand vermittelt hat. Wenn aber die Aufgaben zur Hälfte aus Fachwissen und zur Hälfte aus Pädagogik bestehen, sollte Letzteres im Studium genau diesen Raum bekommen. Denn es ist ja so: Da wird ständig über frustrierte Lehrer gesprochen und über solche, die ihre Klassen nicht in den Griff bekommen. Nur fragt sich niemand, warum das so ist – es ist so, weil nicht jeder Lehrer eine Person ist, die automatisch zu einem ordentlichen Pädagogen heranreift.

Dieses Problem beginnt aber nicht erst dadurch, dass das Studium die nötige Basis nicht vermittelt. Es beginnt im Grunde damit, dass Lehramt studieren kann, wer Lehramt studieren will. Erst in jüngster Zeit erwägen einige wenige Universitäten, für Lehramtsstudenten einen Eignungstest einzuführen.

Schließlich sollte es eigentlich selbstverständlich sein, dass ein Lehrer eine Person mit einem gewissen Durchsetzungsvermögen ist und außerdem auch ein Mensch, der gerne vor Gruppen spricht. Nur zeigen Untersuchungen immer wieder, dass gerade bei Lehrern das Gegenteil der Fall ist. Selbstbewusste junge Menschen machen lieber in der freien Wirtschaft Karriere, wer auf Lehramt studiert, hat häufig ein eher geringes Selbstwertgefühl und versteht sich auch nicht als einen Menschen, der andere gut motivieren kann.

So ein Eignungstest ist meiner Meinung nach aber nicht nur in Zusammenhang mit der Persönlichkeitsstruktur wichtig. Sehr viele erwachsene Menschen erinnern sich zum Beispiel an eigene Lehrer, die nuschelten oder so leise sprachen, dass sie schon in der zweiten Reihe nicht mehr zu verstehen waren. Was natürlich nicht gerade förderlich ist, wenn es darum geht, Kindern Wissen zu vermitteln.

Eine Studie einer deutschen Universität hat vor ein paar Jahren ergeben, dass rund 40 Prozent aller Lehramtsstudierenden solche und andere stimmliche Auffälligkeiten aufweisen. Und gerade die Stimme ist ja eines der wichtigsten Werkzeuge eines Lehrers, und es wird täglich viele Stunden eingesetzt. Ob die Stimme aber genau dazu taugt, das wird bis heute ebenso wie die grundsätzliche Eignung nur in Ausnahmefällen überprüft, sodass der Nuschler oder der kaum verständliche Schnellredner immer noch an der Tagesordnung sind.

Dafür dass Lehramtsstudenten so stiefmütterlich behandelt wurden – und zu großen Teil immer noch werden – gibt es einen einfachen Grund: Sie laufen an den Universitäten im Grunde nebenher mit. Sie sind wie ein großer Kuchen, aus dem sich andere Disziplinen bedienen, die mehr Renommee versprechen. Natürlich geht es auch um Geld. Je mehr Lehramtsstudenten man an der Uni hatte, desto mehr Professuren gab es, und die konnte man zum Beispiel bei Germanistik dann auch in Fächern wie Linguistik oder etwa Neuere Deutsche Literatur einsetzen. Das war ganz im Sinne der Universitäten, aber natürlich nicht im Sinne der Lehramtsstudenten.

Bei der pädagogischen Ausbildung funktionierte so eine Umwidmung wie in der Germanistik natürlich nicht – von dem Kuchen mochte sich niemand bedienen. Daher wurde eher ein Basisprogramm gefahren, das auch möglichst wenig kosten sollte.

Wie gesagt, hat sich in den Jahren nach der ersten Pisa-Studie einiges getan, aber wenn ich mit Lehramtsstudenten spreche, dann ist es nicht so viel, wie man hoffen sollte.

Eine junge Frau, die Grundschullehramt auf Staatsexamen studiert – Deutsch, Mathematik und als drittes Fach Kunst –, berichtete mir kürzlich von ihren Erfahrungen aus dem ersten Semester. Das bestand ausnahmslos aus Theorie. Zwar habe sie Interessantes erfahren, etwa über den Umgang mit Kindern, die zweisprachig aufwuchsen und deren Muttersprache nicht Deutsch ist. Das sei ja etwas, das sie später wirklich gebrauchen könnte. Auf meine Frage was genau sie denn dabei gelernt habe, konnte sie allerdings nicht viel sagen. Es sei um Statistiken gegangen, die sie sehr interessant fand. Was sie aber durchaus sagen konnte, war, dass es auch in den kommenden Semestern wohl wenig Praxis geben werde. Das sei nach Aussage von Dozenten kaum möglich, weil es zu viele Studenten gebe. Sie selbst fände das sehr schade, weil auf diese Weise unter anderem das Fach Kunst einfach nur langweilig sei. Man beschäftige sich überwiegend mit einzelnen Künstlern oder der Verbindung zwischen Politik und Kunst. Die junge Frau, das möchte ich wiederholen, studiert auf Grundschullehramt – ihr erlangtes Wissen über Verflechtungen zwischen Kunst und Politik wird sie dort wohl kaum anbringen können. Was sie gerade an einer Grundschule dagegen sicher sehr gut einsetzen könnte, wäre Wissen über die Pädagogik. Aber obwohl sie Jahrzehnte nach mir studiert, macht sie heute auf diesem Gebiet sehr ähnliche Erfahrungen. Noch sagt sie, das Studium sei »okay«, immerhin werde ihr ja zumindest theoretisch vermittelt, wie man lehrt. Ich hoffe, sie wird nicht den Praxisschock erleben, den viele junge Lehrer erleben, wenn sie zum ersten Mal wirklich vor Schülern stehen.

»Dann verpassten sie der Zwölfjährigen den Körper eines Pornostars.«

Mobbing extrem – und warum Mobbing nicht gleich Mobbing ist

Sarah P., 48, Mathematiklehrerin an einer Gemeinschaftsschule in Schleswig-Holstein

Mobbing unter Schülern, das ist Alltag. Nur haben die meisten Menschen keine Ahnung, welche Formen das Mobbing inzwischen mitunter annimmt. Denn Mobbing hat unterschiedliche Gesichter, manche sind harmlos, andere können junge Menschen regelrecht vernichten. Stellen Sie sich etwa vor, Sie haben eine zwölfjährige Tochter. Als Sie das Kind von der Schule abholen wollen, bemerken Sie, dass Schüler über Sie als Vater dieser Tochter lachen. Die Tochter selbst sagt nichts, sondern steigt wortlos ins Auto. Einige Tage später stellen Sie durch Zufall fest: Die Mitschüler ihrer Tochter haben sich einen üblen Scherz erlaubt und ein Foto des Kindes manipuliert. Sie haben den Kopf ihrer Klassenkameradin auf den Körper einer Pornodarstellerin montiert, und zwar in professioneller Machart – wenn es um den Umgang mit technischen Mitteln geht, dann sind einige Schüler wirklich gut. Nur setzen sie ihre Fähigkeiten nicht immer mit guter Absicht ein.

In diesem Fall, der tatsächlich vorgekommen ist, wurde das manipulierte Bild an sämtliche bekannte WhatsApp-Gruppen geschickt, und der Schülerin wurde mitgeteilt, dass noch mehr solcher Bilder in Umlauf gebracht würden, gäbe es von ihr nicht einige Gegenleistungen – also schlichtweg Erpressung.

Nun könnte man sagen, dass jeder Empfänger wusste oder ahnen konnte, dass es sich bei dem Körper nicht um den der Schülerin handelte, und dass das Bild digital bearbeitet war. Das ist aber unerheblich. Wichtig war allein das Endergebnis, das darin bestand, dass jeder über das Bild sprach und die Schülerin sich kaum noch aus dem Haus traute. Man kann sich denken, was so etwas bei einem jungen Menschen anrichtet. Die Schulleitung hat sich in diesem Fall immerhin sehr schnell eingeschaltet, und letztlich wurde auch die Polizei hinzugezogen. Da wurde dann nicht mehr nur wegen Mobbing ermittelt, sondern wegen Erpressung und auch Rufmord. Bald waren die Täter ausgemacht, allesamt über 14 Jahre alt und damit strafmündig, sodass nach einer Weile zumindest an der Schule wieder Ruhe herrschte.

Das ist natürlich ein außergewöhnlicher Fall, aber sogenanntes Cybermobbing über das Internet und soziale Netzwerke ist durchaus an der Tagesordnung.

Allerdings muss man auch sagen, dass Mobbing ein Thema mit zwei vollkommen unterschiedlichen Seiten ist – denn die Bandbreite reicht von halbwegs harmlosen Remplern auf der einen bis hin zu Rufmord und Gewaltandrohung auf der anderen Seite. Ich fange mal mit der harmlosen Seite an. Früher gab es den Begriff Mobbing noch gar nicht, oder kaum jemand kannte ihn. Wenn man zu meiner Zeit als Schüler jemanden als Arschloch bezeichnete, gab der zurück »selber Arschloch!«. Heute herrscht dann gleich große Aufregung, und der Schüler berichtet den Eltern völlig außer sich, dass er an der Schule gemobbt wird. Woraufhin die Eltern sich natürlich umgehend und zutiefst empört mit der Schule in Verbindung setzen. Und das alles eigentlich nur, weil heute jeder Schüler den Begriff Mobbing kennt, und weil immer wieder über das böse Mobbing berichtet wird. Früher wusste man einfach nur, dass irgendjemand »Arschloch« gerufen hat.

Was man aber sagen muss: Nicht alles ist harmlos, es gibt durchaus Vorfälle, bei denen der Begriff Mobbing seine Berechtigung hat. Beziehungsweise geht es weit über die Vorstellung von dem Begriff Mobbing hinaus. Heute bleibt Mobbing auf dem Pausenhof nicht mehr auf dem Pausenhof. Ich selber kenne genügend Fälle, in denen das Mobbing an der Schule weitergetragen wurde über das Internet und über Facebook. Und zwar mit Äußerungen, die weit über alle Grenzen hinausgehen. Da wurden Drohungen ausgesprochen, die nicht nur einen Schüler, sondern seine gesamte Familie in Angst und Schrecken versetzt haben.

Solche Fälle sind natürlich für die Betroffenen beziehungsweise die gemobbten Schüler besonders schlimm. Sie beeinflussen aber auch die Arbeit der Lehrer, weil der Umgang damit immer auch wieder Zeit kostet, die nicht für den Unterrichtet eingesetzt werden kann.

Häufig beginnt das Mobbing im Kleinen und weitet sich dann im Laufe der Jahre immer weiter aus. Immer wieder erzählen Schüler, dass sie schon auf der Grundschule Probleme hatten, weil sie nicht zu den Coolen gehörten. Sie wurden immer wieder von anderen ausgeschlossen und wussten oder verstanden gar nicht, warum das so war. Das ist natürlich kein Mobbing im eigentlichen Sinn, so etwas gab es schon immer an Schulen. Nur setzt sich die Sache fort, wenn das Kind beispielsweise von der Grundschule an ein Gymnasium wechselt und dort kaum jemanden kennt. Häufig gibt es dort Schüler, die über das Internet ihre Bekannten und Freunde fragen: Kennst du eigentlich die oder den, der ist voll komisch. Wenn dann jemand antwortet, dass er den ach so komischen Schüler schon von der Grundschule kennt, und dass der da auch nie wirklich dazu gehört hat, ist die Basis für künftiges Mobbing gelegt.

Hinzu kommt, dass in einer solchen neuen Klasse am Gymnasium häufig Schüler mit unterschiedlichem Hintergrund zusammenkommen, die auch nicht alle auf dem gleichen Stand der Persönlichkeitsentwicklung sind. Da sind vielleicht Mädchen, die immer noch in der Pause eigentlich nur spielen wollen. Für andere ist es schon selbstverständlich, dass man cool wirken und sich irgendwie erwachsen geben muss. Die spielenden Mädchen finden diese Typen vielleicht wirklich cool, die allerdings finden spielende Mädchen auf dem Schulhof einfach nur kindisch. Es kommt zu ersten Lästereien, andere stimmen den Coolen natürlich zu. Und bevor die Mädchen wissen, wie ihnen geschieht, will keiner mehr etwas mit ihnen zu tun haben. Zunächst halten die natürlich noch zusammen, aber bald hat womöglich die erste keine Lust mehr, wegen der anderen nicht dazuzugehören. Und los geht die Spirale des Mobbings. Anfangs drehen sich vielleicht Schüler weg, wenn die Person auf dem Schulhof in der Nähe ist. Im Unterricht wird jedes vermeintliche Fehlverhalten mit einem Stöhnen kommentiert. Irgendwann werden die Eltern aufmerksam und schalten sich ein. Was dann immer wieder auch die anderen Schüler erfahren – wodurch die Ablehnung sich nochmals verstärkt.

Ich kenne eine Schülerin, die im Internet von anderen Schülern auch anonym angeschrieben wurde mit Worten wie »Ich wollte dir einfach nur mal sagen, dass du scheiße bist – und scheiße aussehen tust du auch«. Das Mädchen sagte, dass es anfangs noch sehr naiv war und daher den anonymen Schreiber via Internet erst einmal fragte, warum sie denn so scheiße sei und was sie anders machen könne. Die Antwort bestand darin, dass die Schülerin sich doch wenigstens mal vernünftig anziehen und nicht mit irgendwelchen Billigklamotten herumlaufe solle. Außerdem könnte man sehen, dass ihre Haare von der Mutter geschnitten wurden. Die Schülerin versuchte tatsächlich, ihr Äußeres entsprechend anzupassen. Aber das erzielte nicht die gewünschte Wirkung. Weil: Auch ihr Verhalten sei scheiße, sie als Mensch sei einfach eklig. Zu dieser Zeit waren die Schüler gerade etwa zwölf Jahre alt, und man kann sich wohl vorstellen, was so etwas für ein Kind in dem Alter bedeutet. Keiner mag einen, und der Grund dafür ist der, dass man als Mensch einfach scheiße ist. In diesem Fall ging die Sache letztlich so weit, dass die Schülerin sogar mit Worten begrüßt wurde wie »Ich wünschte, du wärst tot«.

»Manche Eltern meiner Schüler ekeln mich regelrecht an.«

Wenn die Schulprobleme im Wortsinne hausgemacht sind

Saliha Y., 39, Deutschlehrerin an einer Hauptschule in Nordrhein-Westfalen
Es ist leicht, sich über Schüler und ihre Verfehlungen aufzuregen. Da kommt einer ständig zu spät, ein anderer stört dauernd den Unterricht, eine Schülerin ist durchweg unaufmerksam und so weiter. Häufig ändert sich der vordergründige Eindruck allerdings, wenn man sich einmal hinter den Kulissen umhört. Dann merkt man nämlich sehr schnell, dass nicht die Schüler das Problem sind, sondern deren Eltern.

Eigentlich sollte man ja vermuten, dass Eltern ein Mindestmaß an Verantwortungsgefühl besitzen, wenn sie Kinder in die Welt setzen. Davon allerdings spüre ich häufig kaum etwas. Im Gegenteil, und das ekelt mich teils regelrecht an. Einer meiner Schüler kam zum Beispiel nahezu täglich zu spät zum Unterricht. Wenn er darauf angesprochen wurde, sagte er einfach »verschlafen«. Ermahnungen und Strafen änderten an dem Problem nichts, der Schüler kam trotzdem weiter zu spät. Erst als ich mich ausgiebig mit dem Schüler unterhielt, zeigte sich der wahre Grund für die ständige Unpünktlichkeit: Computerspiele. Nun werden die meisten Menschen sagen, dass Computer- und Videospiele bei vielen Kindern ein massives Problem darstellen, da sie sich mit großer Freude stundenlang durch virtuelle Gegnerhorden metzeln. Nur war genau das hier nicht der Fall. In einem normalen Haushalt sieht es ja so aus, dass die Eltern ihr Kind morgens wecken und zum Aufstehen drängen, dann gibt es Frühstück und der Nachwuchs wird zur Schule geschickt. Hier allerdings gab es niemanden, der den Schüler weckte. Vater und Mutter verbrachten die Abende und zudem den Großteil der Nacht vor ihren Computern, um via Internet mit anderen zu spielen. Hatten sie genug, fielen sie ins Bett und schliefen sich erst einmal aus. Häufig schliefen sie sogar noch, wenn das Kind mittags von der Schule wieder heimkehrte. Es war also nicht der Schüler, dem die Schule gleichgültig war, es waren die Eltern, denen ihr Kind und dessen Zukunft schlichtweg egal war.

Ich habe es mir zur Angewohnheit gemacht, das Gespräch mit Eltern nicht nur in der Schule zu suchen, ich besuche die Schüler vielmehr gerne auch dort, wo sie wohnen. Manchmal sogar unangekündigt. Denn das sagt tausend Mal mehr über das aus, was zu Schwierigkeiten bei den Schülern führt. Im Rahmen eines Sprechtages hätten auch diese Eltern vermutlich erzählt, sie würden künftig dafür sorgen, dass das Kind pünktlich zur Schule kommt. Der Besuch in der Wohnung machte jedoch deutlich, dass der Sohn hier eine sehr untergeordnete Rolle spielte. Die zwei kleinen Zimmer waren fast ausschließlich auf die Bequemlichkeit während des Computerspielens ausgerichtet. Da gab es ordentliche Schreibtischstühle, modernste Technik und Zubehör vom Feinsten. Der Sohn dagegen hauste in einer besseren Besenkammer, in der es neben dem Bett kaum Einrichtung gab. Klamotten lagen auf dem Boden, ein kleines Tischchen in der Ecke diente als Ess- und auch Schreibtisch für den Schüler. In der Küche fand sich ein umfangreicher Vorrat an Cola und Chips, aber nichts, woraus sich ein vernünftiges Pausenbrot machen ließ. Nach dem Gespräch haben es die Eltern immerhin geschafft, morgens den Wecker so zu stellen, dass ihr Kind nicht mehr ständig zu spät zur Schule kommt. Anekeln tut mich das Ganze trotzdem immer noch.

Manchmal kommt mir der Ekel aber auch aus ganz anderem Grund. Wenn das Zuhause eigentlich gar keine Probleme anzeigt, dafür aber über allem eine nur schwer greifbare Kälte liegt.

Da kommt man dann in eine Wohnung, in der sechs Kinder schweigend herumsitzen – auf Stühlen und den Armlehnen der Sitzgarnitur. Während der Vater sich, ganz Pascha, bequem auf der Sitzfläche fläzt. Schon als ich vor der Tür dieser Wohnung stand, war die eigenartige Atmosphäre förmlich spürbar und gleichzeitig schwer greifbar. Nach dem Klingeln hörte ich von drinnen kurz eine tiefe Stimme, sehr bestimmt aber nicht bedrohlich. Wenig später öffnete eines der Kinder die Tür, mein Schüler allerdings befand sich nicht in der Wohnung. Der Grund für meinen Besuch bestand darin, dass eben dieser Schüler im Unterricht zwar körperlich anwesend aber geistig immer irgendwie abwesend war. Auf eine seltsame Weise erinnerte mich dieses Verhalten an die Stimmung in der Wohnung. Auch die anderen Kinder waren zwar dort, gleichzeitig aber nicht wirklich präsent. Der Vater rührte sich kaum, als ich eintrat, antwortete auf meine Begrüßung immerhin aber mit ein paar gemurmelten Worten, bis er sich wieder intensiv auf sein Nichtstun konzentrierte. Also versuchte ich, das Gespräch in Schwung zu bringen, indem ich das schulische Problem des Sohnes beschrieb und den Vater fragte, wie er sich das erklären konnte – ich selbst ahnte inzwischen zumindest schon die Ursachen. Der Vater allerdings beschränkte sich weiter auf kurze Einwürfe, dass mit seinem Kind alles in Ordnung sei. Der Sohn würde seine Schulaufgaben erledigen, würde auch rechtzeitig ins Bett geschickt. Eine wirkliche Unterhaltung entspann sich nicht. Was ich erfuhr, reichte kaum über die Auskunft hinaus, dass die Mutter und Ehefrau tagsüber arbeite – was trotz Besuchsankündigung auch an diesem Tag der Fall war –, der Sohn gerade ein paar Einkäufe erledige und er, der Vater, sich um die anderen Kinder kümmere. Wie intensiv er das tat, zeigte er in aller Gleichgültigkeit. Natürlich ist es unmöglich, in so einer Situation seine tatsächlichen

Gefühle auszudrücken und sie zu zeigen. Ich musste weiter ausgesprochen höflich sein und gleichzeitig versuchen, das Problem des Kindes zu beschreiben. Was beim Empfänger jedoch weiterhin keinerlei Regung auslöste.

Was ich eigentlich hätte tun wollen: den Vater anschreien, ihn von seinem Sofa reißen und ihn schütteln. Dann hätte ich ihn gefragt, was er sich eigentlich denke. Warum er ein halbes Dutzend Kinder in die Welt setzt, und die so drillt, dass sie kaum mehr sind als eine schweigende Staffage. Und ich hätte ihm liebend gerne gesagt, wie sehr auch er und sein Verhalten mich anekelt. Es fällt in solchen Momenten wirklich schwer, all das nicht zu tun und nicht zu sagen.

Trotzdem haben diese Besuche immer auch eine positive Seite, selbst wenn es zunächst schwerfällt, das zu akzeptieren. Diese positive Seite besteht darin, dass ich den Schüler danach wesentlich besser verstehe. Ich weiß nun, wie er wohnt, und ich ahne zumindest, wie sich sein Leben außerhalb der Schule gestaltet. In diesem Fall ist wohl eher der Begriff Dasein als Leben passend. Das Kind hat vermutlich von klein auf erfahren, dass seiner Existenz kein allzu großer Wert beigemessen wird. Mit diesem Wissen könnte ich auf unterschiedliche Weise umgehen. Ich nahm mir in diesem Fall vor, den Schüler von nun an viel intensiver zu unterstützen, was ich auch tat – leider zog die Familie wenige Monate später in eine andere Stadt.

Schlimm ist es auch, wenn ein Kind ein außerordentliches Talent besitzt, und die Förderung dieses Talents bei den Eltern auf taube Ohren stößt.

Ich erinnere mich an einen Fall, der schon einige Jahre zurückliegt. Eine Schülerin war nicht nur mir, sondern auch anderen Lehrern durch ihre einzigartige Gesangsstimme und ihr nicht minder großes Tanztalent aufgefallen. Wir waren uns einig, dass dieses Talent gefördert werden musste. Nicht nur in der Schule, sondern auch durch ausgewiesene Gesang- und Tanzlehrer. Das Mädchen war von diesen Vorschlägen einerseits hellauf begeistert, fast zeitgleich dann aber auch tieftraurig. Solcher Unterricht kostet Geld, und er kostet natürlich auch Zeit. Die Eltern, so ihre Überzeugung, würden den Einsatz von Zeit und Geld jedoch für überflüssig halten.

Wieder einmal nahm ich mir vor, ein intensives Gespräch mit den Eltern zu führen, und besuchte sie nach Absprache. Um es klar zu sagen: So sehr die Tochter mit Talent gesegnet war, so wenig war das bei den Eltern in irgendeiner Form der Fall. Die Tochter könne ja gerne auf Familienfesten singen, aber das reiche vollkommen aus, hieß es. Sie solle in der Schule gut aufpassen, ordentliche Noten nach Hause bringen und dann etwas Vernünftiges lernen, basta. Es handelte sich um zwei erwachsene Menschen, die vollkommen frei von jeglichem kreativen Denken und jeder Fantasie waren. Ich habe mich danach oft gefragt, ob diese Menschen schon immer so waren oder ob das Leben sie dazu gemacht hat. Der Vater hatte zu jener Zeit nach langer Arbeitslosigkeit gerade wieder einen Job gefunden. Genau das nutzte er auch als Argument: Das Leben lasse keinen Raum für Menschen, die einfach nur tanzen oder singen wollen. Es gehe um eine solide Anstellung, die einem ein Auskommen sichert. Tatsächlich konnte ich diese Einstellung nach der erlebten Erwerbslosigkeit in gewissem Maße sogar verstehen. Gleichzeitig war und bin ich entsetzt, wie so ein einzigartiges Talent daran gehindert wurde, sich in ganzem Umfang zu entfalten. Ich habe den Kontakt zu der Schülerin nach ihrem Abschluss verloren, aber ich habe gehört, dass sie neben ihrer Ausbildung inzwischen immerhin in einer Band singt.

Dass ich das Gespräch mit den Eltern meiner Schüler suche, sie in die Schule bestelle und die Familien auch in ihren Wohnungen besuche, kommt übrigens nicht in jedem Fall gut an. Manche Eltern interpretieren das als Einmischung. Häufig allerdings kann ich mich des Eindrucks nicht erwehren, dass solche Argumente nur vorgeschoben sind. Eigentlich wollen die Eltern nur nicht, dass jemand mitbekommt, wie es bei ihnen wirklich zugeht. Was wiederum auch zu Momenten führt, die ich als besonders ekelhaft empfinde. Wenn diese Eltern nämlich anfangen zu lügen. Diese Lügen sind manchmal schlicht absurd oder dämlich, in anderen Fällen schnüren sie mir regelrecht die Kehle zusammen.

Absurd war für mich etwa der Fall eines Schülers, über den sich die Mädchen der Klasse beschwerten: Er würde sie auf dem Schulhof schlagen – nicht wirklich brutal, aber er würde Ohrfeigen verteilen und die noch mit Schimpfworten unterstreichen.

Für die Eltern allerdings war das eine grobe Umkehrung der Wahrheit. Sie erklärten mir, dass es gar nicht die Schuld des Sohnes sei, sondern die seiner Mitschülerinnen. Der frisch pubertierende Jüngling sei nämlich bei der Weiblichkeit ausgesprochen begehrt. Die Mädchen würden ihn regelrecht belagern, in ganzen Horden seine Nähe suche. Da habe es der Sohn irgendwann einfach mit der Angst gekriegt, mit den Backpfeifen habe er sich schlicht zu befreien versucht. Den Eltern der Mädchen müsste man Vorhaltungen machen, nicht ihnen als Eltern eines bedrängten und verängstigten Jungen. Für mich ist eine derart grobe und dumme Lüge erwachsener Menschen einfach nur peinlich. Nicht zuletzt stellt sich dann auch die Frage, wie solche lügenden Erwachsenen ein Kind erziehen sollen und was aus diesem Kind später einmal werden soll. Eigentlich eine Frage, die sich von selbst beantwortet: Diese Eltern ziehen einen selbstsüchtigen Lügner heran, der in seinem Leben jegliche Vorwürfe auf andere abwälzen wird.

Aber es geht noch schlimmer. Häusliche Gewalt ist an der Schule, an der ich unterrichte, leider immer wieder einmal ein Thema. Natürlich bekommen wir als Lehrer nur die schweren Fälle mit und wenn, dann meistens auch nur durch Zufall. So bemerkte ich einmal beim Schwimmunterricht (ich unterrichte auch Sport), dass ein Schüler auffällige blaue Flecken am Körper aufwies. Darauf angesprochen sagte er, er sei mit dem Fahrrad gestürzt. Womit das Thema erst einmal erledigt war.

An einem anderen Tag, wieder im Schwimmunterricht, zeigte sich, dass der jüngere Bruder des Schülers ebenfalls ungewöhnlich viele blaue Flecken hatte. Darauf angesprochen, erklärte auch er, einen Fahrradunfall gehabt zu haben. Natürlich schrillten bei mir nun endgültig die Alarmglocken: Zwei Brüder, beide mit blauen Flecken, die meiner Meinung nach die Folge von Schlägen waren.

Es folgten Gespräche mit den beiden Jungen, bis der ältere schließlich die Wahrheit einräumte. Der Vater verprügelte die Kinder regelmäßig, und diese Schläge waren im Grunde die einzige Art von – fragwürdiger – Nähe zu den Kindern. Positive Bemerkungen gab es im Elternhaus niemals, stattdessen wurde jegliches Fehlverhalten mit Schlägen geahndet. Natürlich bestellte ich auch diese Eltern zu einem Gespräch ein – allerdings erschien nur die Mutter. Die war eine zierliche und verhärmte Person, an der das Leben deutliche Spuren hinterlassen hatte. Doch sie wies jegliche Vorwürfe von sich, dass die Kinder geschlagen würden.

Die ganze Geschichte zog sich sehr lange hin, deswegen werde ich sie auf die wesentlichen Fakten begrenzen. Wieder machte ich einen Hausbesuch, bei dem ich den Vater antraf. Auch er versicherte immer wieder, dass er nie Hand an seine Kinder legte, wobei er jedoch ein hämisches Grinsen nicht unterdrücken konnte. Was er eigentlich sagen wollte: Das alles würde mich gar nichts angehen, er erziehe seine Kinder so, wie er es wollte.

Da die Misshandlungen unverändert weitergingen, wurden schließlich die Behörden eingeschaltet. Der übermächtige Vater jedoch konnte sich in der Familie durchsetzen und niemand machte eine offizielle Aussage.

Das Schlimmste für mich war, dass es uns eines Tages doch gelang, zumindest den jüngeren Bruder in einem Kinderheim unterzubringen. Was allerdings nicht zu einem Happy End führte. Der Junge war damals noch sehr jung. Während wir Erwachsenen und Außenstehende annahmen, dass dieses Kind nun froh wäre, nicht mehr ständig unter den Schlägen des Vaters leiden zu müssen, stellte sich das in der kindlichen Realität leider anders dar.

Ein Kind in diesem Alter kann sich ein Leben ohne Mutter und Vater nicht vorstellen, und ein Kind will immer wieder zurück nach Hause, weil das die einzige Heimat ist, die es kennt. Es ist dem Kind emotional nicht möglich zu sagen, der Vater ist ein böser Mensch und auch die Mutter ist böse, weil sie nie eingreift, wenn der Vater wieder zuschlägt. Außerdem gab es in diesem Fall ja auch Geschwister, die der Junge während des Aufenthaltes im Kinderheim vermisste.

Das alles führte schließlich dazu, dass er nach ein paar Wochen aus dem Heim ausriss und wieder zurück zu seiner Familie ging. Darauf folgte ein Hin und Her von rein ins Heim und wieder raus aus dem Heim. Am Ende lebte der Junge tatsächlich wieder bei seiner Familie, wo die Misshandlungen weitergingen. Ich bin heute nicht einmal mehr sicher, ob ich richtig gehandelt habe, als ich die Behörden einschaltete und auf diese Weise den Bruch einer Familie riskierte. Ich habe mich um die körperliche Gesundheit gesorgt und vielleicht zu wenig die geistige oder emotionale Gesundheit berücksichtigt. Vielleicht war es richtig, vielleicht nicht. Was bleibt, ist das Gefühl von Ekel, das mich beim Gedanken an dieses Elternhaus und speziell den Vater überkommt.

»Jugendliche haben eigentlich keine Ahnung von Jugendsprache.«

Quatsch quatschen bis zum Verlust der Muttersprache

Sophia W., 42, Mathematiklehrerin an einer Hauptschule in Hessen

Über Jugendsprache ist schon viel gesagt worden. Nur eines nicht: Die meisten Jugendlichen haben keine Ahnung, was sie da reden. Sie wissen im Grunde weniger über Jugendsprache als mancher Erwachsene – was sie nicht daran hindert, ahnungslos die Worthülsen nachzuplappern. Manchmal wirken die Unterhaltungen der Schüler daher einfach nur kurios und sinnbefreit.

Vor ein paar Tagen zum Beispiel führten zwei Jungs ein besonders seltsames Kurzgespräch.

Schüler 1: »Digger, gestern LoL gezockt und die Noobs krass geowned.«

Schüler 2: »lol«

Zwei Schüler, zwei »Sätze« – und in jedem kommt ein lol vor. Allerdings wird das eine LoL anders geschrieben als das andere lol. Beide werden jedoch identisch ausgesprochen. Was das Verstehen des Sinns nicht gerade vereinfacht und Außenstehende eher ratlos dastehen lässt. Dazu kommt noch ein rätselhafter Umstand: Die meisten meiner Schüler wissen gar nicht, was lol eigentlich bedeutet, sie sagen es trotzdem ständig. Der eigentliche Witz daran: Erwachsene denken ja immer, dass sich die Jugendsprache ständig neu erfindet. Tut sie aber gar nicht, die Begriffe verselbständigen sich vielmehr mit der Zeit. lol ist für die Verhältnisse der Jugendlichen im Grunde uralt. Das Kürzel machte Karriere im Internet-Sprech der ersten Dekade unseres Jahrtausends. Verwendet wurde es unter anderem in den vor allem ab 2004 so beliebten Online-Rollenspielen wie World of Warcraft. Damals allerdings wussten die Jugendlichen noch, was sie da von sich gaben, wenn sie lol in den Chat eintippten. Heute sagt man lol, weil man einfach lol sagen will.

Das Problem ist aber, dass lol nicht nur gesagt wird, es wird auch geschrieben. Lol, rofl (»rolling on [the] floor laughing« – sich vor Lachen auf dem Boden wälzen) und so weiter – all diese Kürzel haben das Thema Rechtschreibung zu einem komplizierten Thema gemacht an den Schulen. Was da geschrieben wird, hat manchmal gar nichts mehr mit wirklicher Rechtschreibung zu tun. Bei den älteren Schülern kommt dann schon mal mitten im Aufsatz ein lol vor, das da schlichtweg nichts verloren hat.

Fragt man den Schüler, was dieses lol eigentlich bedeuten soll, bekommt man als Antwort in der Regel nur ein Schulterzucken und ein »Keine Ahnung«. Lol wird genutzt wie »Haha«. Dass der Begriff ursprünglich eigentlich dazu diente, auch ohne Sprachverbindung zu erklären, dass man gerade lauthals lacht – im Englischen »Laughing out loud« –, weiß niemand mehr. Wie gesagt, viele der heute so selbstverständlich verwendeten Begriff stammen ursprünglich aus der Gamerszene, wo man sich bei Online-Spielen etwa mit einem afk mitteilte, dass ein Mitspieler gerade mal nicht an der Tastatur saß, also »away from keyboard« war.

Aber es gibt ein recht einfaches Mittel, mit dem man die Sache eindämmen kann. Ich habe zum Beispiel eine Weile all die Abkürzungen in die Korrekturen einfließen lassen. Es hat die Schüler ausgesprochen verwirrt, wenn sie Korrekturen nicht lesen konnten oder nicht verstanden, weil sie einfach kapierten, warum ich zum Beispiel schrieb »der Ausdruck ist hier imho fehl am Platz«. Weil sie zwar selbst gerne mal ein Kürzel wie imho nutzen, aber nicht wissen, dass es »in my humble opinion« bedeutet – also meiner bescheidenen Meinung nach.

Ich habe auch mal eine ganze Stunde in dem Stil abgehalten, den ich immer Checkergerede nenne: Also »Alter«, »Digger«, »krass« und so weiter, keine Präpositionen, keine Verben – das hat sich an den Schulen seit dem Film »Fack ju Göhte« noch einmal extrem verstärkt. Aber als ich damit anfing, haben die Schüler nach 20 Minuten regelrecht um Gnade gewinselt, obwohl sie selbst ja ständig so reden. Einem solchen Vortrag zuzuhören und dabei zu versuchen, reale Inhalte zu verstehen, war ihnen doch zu viel. Manchmal ist es ganz hilfreich, wenn man ihnen auf diese Weise den Spiegel vorhält. Dann haben sie eine Ahnung, wie nervig dieses Gerede sein kann.

Zeitweise kann es aber auch wirklich kompliziert werden in Sachen Jugendsprache. Inzwischen nämlich gibt es auch Abkürzungen, die gleich lauten, aber vollkommen unterschiedliche Bedeutungen haben. Was wieder zurück zu der seltsamen Unterhaltung zweier Schüler führt, die ich hier schon erwähnt habe:

Schüler 1: »Digger, gestern LoL gezockt und die Noobs krass geowned.«

Schüler 2: »lol«

Ich habe die beiden erst mal gefragt, was »LoL gezockt« bedeuten sollte. Zocken steht für Spielen am Computer, der Konsole oder dem Smartphone, das war mir klar. Aber LoL zocken? Das müsste dann Haha-Spielen oder etwas in der Art heißen. Nach dem Gespräch wusste ich, dass es einen Unterschied gibt, den Außenstehende nur im geschriebenen Kürzel bemerken können. Das klassische lol wird klein geschrieben. Das gezockte LoL aber mit zwei großen L. Es steht für das Spiel *League of Legends*, das inzwischen Millionen Jugendlicher spielen. Wer nun sein Kind darauf anspricht, was dieses LoL-Spiel denn ist, der wird vermutlich als Antwort bekommen: »LoL is'n MOBA.« Was die Verwirrung erneut vergrößert. MOBA wiederum steht für Multiplayer Online Battle Arena – also quasi eine digitale Arena, in der im Internet mehrere Menschen mit ihren Spielfiguren gegeneinander antreten. Die Besten der Welt verdienen damit mittlerweile sogar reales Geld, wurde mir versichert.

Das also ist geklärt. Das Gespräch der beiden Schüler braucht aber noch einige weitere Erklärungen, bis der Satz »Digger, gestern LoL gezockt, und die Noobs krass geowned« vollständig erhellt ist. Digger oder Digga ist eine völlig normale Ansprache unter Schülern, die inzwischen wohl bekannt ist. Der Noob ist ein weiterer Klassiker des Internetsprechs, der sich inzwischen verselbständigt hat. Ich weiß von Schülern, die ihre Mütter als Noob bezeichnen, und auch mancher Lehrer wird so gerufen, wenn er nicht in der Nähe ist – »Der Lehmann ist doch so ein Noob, heute in Mathe …« Eigentlich kommt Noob von Newbie, in der Gamerszene ein Neuling, der das Spiel noch nicht wirklich beherrscht. Im Laufe der Jahre blieb von dem Neuling wenig übrig, Noob wird heute für alle Arten von Abfälligkeiten verwendet. Wer ein Noob ist, der ist ein Idiot, ein Trottel, einer, der nichts auf die Reihe bekommt.

Der Schüler war beim Spielen von *League of Legends* also auf Gegner getroffen, die völlig unfähig waren, daher hat er sie dann krass geowned. Krass ist ein Wort, das eigentlich in jeglichem Zusammenhang verwendet wird, um das Folgende zu unterstreichen. Mit geowned ist schlicht gemeint, dass er die Gegner plattgemacht hat. Auch dieser Begriff stammt aus der Gamersprache der frühen 2000er – frei übersetzt bedeutet er in etwa »hab dich«.

Der Satz lautete übersetzt also: »Hör mal, habe gestern wieder League of Legends gespielt und alle Gegner umgehauen.«

Das geantwortete lol des zweiten Schülers kann haha ebenso wie super, klasse oder wieder einmal krass bedeuten. Vielleicht alles zusammen.

Allerdings muss auch einmal gesagt werden, dass nicht alle Schüler jugendsprachlich immer auf dem aktuellen Stand sind. Dass ich mich im Unterricht auf meine Art mit dem Thema beschäftigte, führte kürzlich dazu, dass tatsächlich ein Schüler zu mir kam und mich fragte, was denn eigentlich yolo bedeutet. Da war ich gleich doppelt überrascht und habe ihm geantwortet, dass er die Bedeutung gar nicht wissen müsse, der Begriff yolo sei seit drei Jahren out. Ich habe es ihm dann natürlich doch noch genauer erklärt. Aber es war schon seltsam: Da kommt ein Junge aus der Altersgruppe, die ja der öffentlichen Meinung nach ständig die Jugendsprache neu erfindet und in der Vieles schon nach kürzester Zeit wieder von gestern ist, und fragt nach yolo, dem Jugendbegriff des Jahres 2012, der mittlerweile eigentlich völlig überholt ist. Wer es trotzdem wissen will: Yolo ist ein Akronym für »you only live once«, also »du lebst nur einmal«.

Ein Schüler mit mehr aktuellem Wissen hätte aus der Sache aber noch herauskommen können. Der hätte vermutlich gesagt »Klar; yolo ist sooo 2012, aber ich wollte es trotzdem wissen«. Denn »das ist sooo …« verbunden mit einer möglichst weit zurückliegenden Jahreszahl ist ebenfalls etwas, das Schüler liebend gerne verwenden, um eine Sache als veraltet zu bewerten. Was durchaus zu komischen Momenten führen kann. Als ich einmal mittags die Schule verließ, sah ich an einer Ampel eine Gruppe Schüler, die bei Rot warteten. Bis einer keine Lust mehr auf die Warterei hatte und loslief. Was die anderen kommentierten mit: »Digger, bei Rot gehen ist so was von 2009.«

Kürzlich hatte ich beim Korrigieren ein ebenfalls sehr komisches Erlebnis: Es war in einer achten Klasse, und es handelte sich um eine dieser Vergleichsarbeiten. Einen Test also, der im ganzen Bundesland oder dem Bundesgebiet geschrieben wird. Das ist übrigens etwas, das Außenstehende gar nicht realisieren – dass wir so nebenbei dann zusätzlich 60, 70 Arbeiten à 20 Seiten korrigieren. Wie auch immer: In einer der Arbeiten ging es um einen Text zum Thema Jugendkultur der Neunzigerjahre und die damals so modischen, sackartigen Baggy-Hosen. Eine Schülerin schrieb dazu, dass diese Hosen verboten gehörten, weil sie so schrecklich aussähen – die seien einfach so was von Neunziger und voll uncool. Kurz vorher hatten wir im Unterricht über diese Hosen gesprochen, weil die Schüler sich unter dem Begriff Baggy Pants nichts vorstellen konnten. In dem Test nun war auch ein Bild von zwei amerikanischen Jugendlichen in genau solchen Hosen abgedruckt. Besagte Schülerin konnte den Anblick nicht fassen und machte das auf diesem Testbogen, der vom Kultusministerium kommt und dorthin auch wieder zurückgeht, auf ihre Weise deutlich: Sie malte einen Pfeil auf das Bild, daneben einen riesigen Smiley und dann noch »Oh mein Gott!!! Diese Hosen!!!«. Das sind Momente, in denen man als Lehrer beim Korrigieren schon mal herzlich lachen muss und sich sagt: lol, krass Digger.

»Ich schreie meine Schüler an, täglich!«

Ein Lehrer, der sich aufregt, ist ein guter Lehrer

Christian B., 44, Deutschlehrer an einer Hauptschule in Hessen

Seit zehn Jahren unterrichte ich an einer Hauptschule, die auf Neudeutsch gerne als eine dieser Brennpunktschulen bezeichnet wird. Es ist eine Schule mitten in einem Problemviertel einer deutschen Großstadt, an der die Kinder fast ausnahmslos aus schwierigen sozialen Verhältnissen kommen. Solche Schulen gelten allgemein als ein Ort, an dem Lehrer dem Nervenzusammenbruch nahe sind, weil die Schüler von Kindesbeinen an Gewalt statt Disziplin gelernt haben und sich auf so etwas wie Unterricht kaum einlassen. Das trifft auch auf diese Schule im Prinzip zu. Mit einem Unterschied: Ich bin inzwischen ein sehr ausgeglichener Mensch, ich habe sehr viel Freude an meiner Arbeit, und meine Schüler mögen mich – so wie ich sie. Der Grund dafür mag manchen erschrecken. Ich habe vor einigen Jahren begonnen, meine Schüler anzuschreien. Und zwar täglich mindestens einmal. Das hat sehr viel verändert, und zwar in eine positive Richtung.

Zu Beginn meines Studiums hätte ich daran allerdings nicht im Traum gedacht. Ich sollte ein Lehrer werden, der seine Schüler anschreit? Niemals! Wie meine heutigen Schüler bin auch ich in einem dieser sogenannten Problemviertel aufgewachsen. Ich habe dort auch sehr früh gelernt, wie Schule nicht sein soll: Meine Lehrer waren durch die Bank demotiviert, sie waren ausgebrannt und lustlos. So wollte ich nicht werden.

Also studierte ich Kunstpädagogik und Deutsch und startete mein Referendariat mit dem Elan desjenigen, der alles neu und vor allem besser machen wollte, als er es selbst erlebt hatte. Ich wollte für die Schüler der Lehrer sein, den ich nie hatte. Ich wollte der Lehrer sein, den ich mir gewünscht hätte. Zu dem Elan gesellte sich natürlich eine gehörige Portion Naivität. Gerade weil ich ja selber aus einem dieser sogenannte Problemviertel stammte, dachte ich, dass ich den Schülern schon grundsätzlich näher sein würde, weil sie mich als einen von ihnen akzeptierten. Ein Lehrer, der verstand, wie sie lebten und wie sie aufwuchsen. Ich wusste schließlich wie es war, wenn man nach Schulschluss nicht in ein gepflegtes Einfamilienhaus mit Garten zurückkehrt, wo die Mutter schon am Herd mit dem Mittagessen auf das Kind wartet und man sich in das gemütliche eigene Zimmer zurückziehen kann, um die Hausaufgaben zu erledigen, bevor man dann mit den Freunden spielen geht. Ich hatte erlebt, was es bedeutet, wenn beide Eltern schon früh um fünf zur Arbeit gehen, man sich selbst den Wecker stellen und zum Aufstehen überwinden muss. Ich habe mir ein Zimmer mit zwei Geschwistern teilen müssen, ich konnte mir nie ein von der Mutter liebevoll geschmiertes Pausenbrot schnappen, und ich lernte schon früh, dass der Schulweg ein gefährliches Pflaster sein kann, wenn »die Großen« der Schule einen als leichtes Opfer ausgemacht hatten.

Langer Rede kurzer Sinn: Ich empfand eine gewisse Nähe zu meinen Schülern, und es erschien mir vollkommen selbstverständlich, dass das auf Gegenseitigkeit beruhen würde, wenn ich ihnen von mir erzählte. Von einem wie mir würden sie gerne lernen, einem wie mir würden sie das Leben sicher nicht schwermachen.

Heute kann ich mir nicht mehr erklären, wie dieses naive Denken in mir entstanden ist. Tatsächlich hätte gerade ich es besser wissen müssen, weil ich den Schulalltag eines solchen Viertels ja kannte.

Es kam, wie es kommen musste. Ich begann damit, meine ach so innovativen Ideen in die Tat umzusetzen. Gerade der Kunstunterricht bietet dafür genügend Gelegenheit. Hier hatte ich selber in meiner Schulzeit mein kleines Nest gefunden, weil ich kreativ sein konnte und nicht Formeln oder grammatische Regeln pauken musste. Daher war es für mich fast schon eine Selbstverständlichkeit, dass es meinen Schülern ähnlich gehen würde. Ich wollte ihnen aber nicht nur – wohlgemerkt immer noch in der Phase der Naivität – die Gelegenheit geben, ihre Gedanken zum Beispiel in Form von Bildern auszudrücken, ich wollte mit ihnen auch Dinge schaffen, die sie tatsächlich gebrauchen konnten. Eines der ersten Projekte war daher das Erstellen von praktischen Handytaschen aus Socken …

Bald allerdings kam der Tag, an dem die Realität in den Kunstunterricht einbrach. Jeder weiß, dass Kinder sich unheimlich gerne Gegenstände in die Nase oder auch in die Ohren stecken. In diesem Fall war es die Nase. Ein Schüler fand es extrem spaßig, sich einen Pinsel in ein Nasenloch zu stecken und damit zu malen. Das zwang ihn dazu, den Kopf sehr weit nach vorne zu beugen, damit er mit dem Pinsel tatsächlich malen konnte. Trotz aller Ermahnungen versuchte er immer wieder, diesen ganz persönlichen Malstil zu etablieren. Nicht nur ich, sondern auch einige Mitschüler fanden das äußerst seltsam – und so schlug ihm schließlich ein Junge mit der flachen Hand auf den Hinterkopf. Nicht wirklich hart, aber kräftig genug. Der Pinsel wurde tiefer in die Nasenhöhle getrieben, und statt Farbe tropfte Blut auf das Papier. Die Klasse fand das natürlich brüllkomisch. Für mich war es der erste Moment, der ein wenig an meiner Naivität kratzte.

Es dauerte noch eine Weile, bis ich sie gänzlich verlor. Irgendwann wurde aber auch mir bewusst, dass ich mit einem völlig falschen Ansatz an die Sache beziehungsweise an die Schüler herangegangen war. Dass ich aus ähnlichen Verhältnissen kam, brachte mir vielleicht in den ersten Tagen oder Wochen eine gewisse Sympathie ein. Bald aber, das erfuhr ich erst viel später, zweifelten die Kinder an meiner Geschichte. Denn wäre ich wirklich wie sie, warum verhielt ich mich dann nicht auch so? Für die Schüler war ich keiner von ihnen, sondern ein Lehrer wie so viele andere. Ich sprach wie ein Lehrer, ich handelte wie ein Lehrer. Ich war der, der vor ihnen stand und sie unterrichtete.

Wäre ich wie sie, hätte ich auch das Verhalten an den Tag legen müssen, das für sie selbstverständlich war. Diese Kinder hielten es für selbstverständlich, dass man sich mit Zorn und auch mit Aggressionen ausdrückt. Wäre einer von ihnen Lehrer geworden, würde der durchgreifen: Der würde auf das Pult hauen, wenn die Schüler nicht so wollten wie er, er würde einen Schüler schon mal grob anpacken oder den Schlüsselbund durch den Klassenraum werfen, sodass er auch wirklich jemanden traf. Ein Lehrer aus einer Zeit also, als genau das noch selbstverständlich war. So ein Lehrer würde auch streitende Schüler nicht beruhigen oder ihnen sagen, dass sie sich doch einmal miteinander unterhalten sollten, um ihren Streit beizulegen. Wäre ich einer von ihnen, dann wäre meine Rolle bei einem Streit vielmehr die des Ringrichters, der nach der Prügelei den Sieger kürt.

Natürlich würde ich auch meine Worte anders wählen. Nämlich genau so, wie sie es von zu Hause kannten. Da versuchte es schließlich auch niemand mit Argumenten, sondern es hieß vielmehr »Halt den Mund, sonst knallt's«. Das war die Sprache, die man hier verstand, und bei der man wusste, wie man sich zu verhalten hatte. Dass jemand bewusst auf diese Sprache verzichtete, weil er aus eigener Erfahrung wusste, wie wenig damit erreicht werden konnte, war undenkbar.

Mit der Zeit wuchsen meine Zweifel an dem, was ich da tat. Ich sprach das Thema auch im Kollegium an, verbunden mit der Frage, wie es denn die anderen hielten. Die Antworten waren die, die ich befürchtete. Man riet mir, das alles nicht so nahe an mich heranzulassen. Ich sollte es ruhiger angehen lassen und die Inhalte einfach nach Lehrplan vermitteln. Alles andere sei ohnehin nur vergebliche Liebesmüh. Wir Lehrer seien nicht dazu da, die Probleme der Schüler zu unseren eigenen zu machen. Das würde auch das Privatleben beeinträchtigen. Genau das war bald tatsächlich der Fall. Es war mir einerseits nicht möglich, den Weg des gleichgültigen Lehrers zu gehen. Andererseits musste ich feststellen, wie sehr meine Arbeit mich auch in der Freizeit gefangen hielt. Im Freundeskreis hörte ich bald immer dieses ganz bestimmte tiefe Einatmen, wenn ich nur das Wort Schule in den Mund nahm. Niemand mochte mehr meine Erzählungen hören, wenn man sich doch einfach nur zum Essen traf oder gemeinsam entspannt Spaß haben wollte. Auch meine Beziehung ging in die Brüche, weil ich mit meinen Grübeleien und Überlegungen eine Art dauerhafte schwarze Wolke über der Zweisamkeit schweben ließ.

Das frustrierte mich natürlich noch mehr und hatte wiederum Auswirkungen auf den Alltag in der Schule. Eines Tages kam es zu einem eigentlich läppischen Zwischenfall. Die Schüler sollten Selbstbildnisse von sich malen. Was dazu führte, dass ein Junge zu einem Mädchen sagte, sie sehe doch ganz anders aus als das, was sie da male. Viel hässlicher nämlich. Genau das wollte er auch damit unterstreichen, dass er mit ein paar schnellen Pinselstrichen das Bild seiner Platznachbarin verschandelte. Die Schülerin schrie, irgendetwas fiel zu Boden, und Sekunden später schrie jeder jeden an, während Farbe durch den ganzen Raum spitzte. Ich versuchte in gewohntem Stil, die Lage in den Griff zu kriegen: Ich mahnte zur Ruhe und so weiter. Doch es wurde nicht ruhiger, sondern immer lauter und immer farbiger.

Irgendwann wurde es mir zu bunt, was an dieser Stelle nun wirklich kein Wortspiel sein soll. Die ganze Klasse war in Aufruhr, und niemand schien überhaupt noch daran zu denken, dass da vorne ja immer noch ein Lehrer stand, der auf die Schüler einredete. Bis in meinem Kopf irgendetwas Plopp machte. Ich weiß wirklich nicht mehr, welche Worte ich sagte, aber ich sagte sie nun sehr laut. Ich schrie den Schülern Sätze entgegen, in denen meiner Erinnerung nach auch das eine oder andere Mal so etwas wie »verdammt!« vorkam. Erst schien es wieder so zu kommen, wie zuvor – dass sich niemand darum kümmerte, was ich da schrie. Doch ich muss irgendetwas ausgestrahlt haben, das die Schüler überraschte oder aufschreckte. Der Tumult fiel regelrecht in sich zusammen, es wurde still und die Schüler machten mit ihren Selbstporträts weiter.

Ich atmete tief durch und war erst einmal zufrieden. Vor allem, weil die eskalierende Situation sich so schnell hatte beilegen lassen. Außerdem ging alles ab da sehr gesittet weiter, es kam zu keinen weiteren Unterbrechungen. Doch als ich nach der letzten Unterrichtsstunde die Schule verließ, fühlte ich mich absolut nicht gut, sondern geradezu schlecht. Was eigentlich nur eine winzige Episode darstellte, quälte mich plötzlich: Mir schien, als hätte ich mich selbst verraten. Plötzlich war ich doch einer dieser Lehrer, zu denen ich nie hatte gehören wollen. Ich war einer, der durchgedreht war. Ich hatte mich tatsächlich von den Schülern auf ein Niveau ziehen lassen, das sie von Ihresgleichen erwarteten.

Wieder nahm ich meine Gedanken mit in mein Privatleben, wieder erzählte ich meinen verbliebenen Freunden davon. Bis einer fast schon nebenbei etwas aussprach, was alles ändern sollte: »Vielleicht war es ja gut so.« Für die anderen waren diese Worte schnell vergessen, für mich jedoch nicht. Es war eigenartig. Die ganze Zeit hatte ich gedacht und erzählt, dass der Moment des Schreiens mir unangenehm war, doch tatsächlich merkte ich jetzt, dass ich mich an jenem Tag in der Klasse danach einen Moment lang regelrecht befreit gefühlt hatte – bevor das Grübeln einsetzte. Vor allem dachte ich daran, dass nach dem vermeintlichen Ausraster Ruhe in der Klasse herrschte, und zwar bis zum Ende des Unterrichts.

Diese Gedanken verschwanden nach einer Weile, doch schließlich kam es erneut zu einer Situation, in der ich laut werden musste. Und dieses Mal fühlte ich mich nicht mehr schlecht, ich genoss vielmehr das Ergebnis: Erneut hatte ich eine Klasse vor mir, die für den Rest des Unterrichts aktiv mitarbeitete. Da kam mir jener Gedanke, den ich bislang nicht zu denken wagte. War es wirklich eine Bankrotterklärung, wenn ein Lehrer sich nur noch zu helfen wusste, indem er seine Schüler anschrie? Ich einigte mich mit mir selber auf einen Selbstversuch: Eine Woche lang wollte ich mich nicht nur im Stillen aufregen, sondern meinem Ärger laut Luft machen. Denn eines wird jeder Lehrer eingestehen müssen: Es gibt an jedem Tag etwas, über das man sich aufregen kann.

Der Effekt meines Selbstversuches war überwältigend. Nach kürzester Zeit schien sich mein Image gewandelt zu haben. Ich war einerseits immer noch der, der auf die Schüler zuging und sich auch um sie kümmerte, ihnen half. Nun war ich aber auch jemand, dem man eine gewisse Achtung entgegenbrachte. Weil er so ehrlich war, dass er sich wirklich aufregte, wenn ihm danach zumute war. Ich habe heute den Eindruck, dass manche Schüler von einem Lehrer diese kleine Portion Ehrlichkeit erwarten. Diese Kinder finden es unnatürlich und verlogen, wenn ein Lehrer seinen Ärger immer nur herunterschluckt.

Seitdem werde ich jeden Tag einmal laut – mehr ist inzwischen gar nicht mehr notwendig. In den Pausen wird herumerzählt, dass der Lehrer wieder geschrien hat, die anderen sind also vorgewarnt. Und seltsamerweise hat sich in all den inzwischen vergangenen Jahren keinerlei Abnutzungseffekt eingestellt. Dauerhafte Unruhe in den Klassen kenne ich inzwischen gar nicht mehr, und so weit mir bekannt ist, zähle ich zu den beliebtesten Lehrern der Schule.

Für mich sind auch die Frustmomente vorüber, die früher so selbstverständlich waren. In meinem Freundeskreis bin ich außerdem längst nicht mehr der, der nur über seinen schwierigen Schulalltag spricht. Das Schreien, oder einfach der laute Ausdruck meiner Ablehnung einer Situation, hat mich tatsächlich befreit. Konnte ich früher über seltsame Praktiken wie eine Schreitherapie nur verständnislos den Kopf schütteln, hat sich das vollkommen geändert. Ich kann nur jedem raten, tatsächlich einmal laut zu werden, wenn die innere Stimme genau das verlangt. Ich denke, dass so manchem Burn-out oder so mancher Depression im Kollegium damit vorzubeugen wäre. Beschwerden hat es übrigens noch nie gegeben. Die Kinder wissen, dass ich sie nicht aus Bosheit oder aus einer Laune heraus anschreie. Ihnen ist durchaus bewusst, dass die Ursache oder der Auslöser bei ihnen liegt. Sie gehen daher auch nicht nach Hause und erzählen den Eltern vom bösen Lehrer. Weil sie wissen, dass ich genau der nicht bin und nie sein werde. Ich bin nur jemand, der aus der Naivität seiner Anfangszeit gelernt hat. Und um das Lernen geht es schließlich an einer Schule, nur vergisst mancher Lehrer schnell, dass auch er selber sich weiterentwickeln kann.

»Meine Schüler haben mir mit dem Tod gedroht.«

Wenn Cyber-Mobbing den Lehrer trifft

Sabine G., 61, Mathematiklehrerin an einer Gesamtschule in Niedersachsen

Als der Begriff Mobbing aufkam, konnte ich zunächst nur müde lächeln. Für mich war das nur ein weiterer Versuch, Bekanntes in ein modernes Wortgewand zu stecken. Schließlich sind Schülerstreiche so alt wie die Schule selbst – und genau darum ging es meiner Meinung nach bei dem, was man nun immer häufiger mit Mobbing umschrieb. Das änderte sich allerdings von einer Sekunde auf die andere, als mein Handy mir mitteilte, dass ich eine neue Textmitteilung erhalten hatte. Als ich die aufrief, stand dort »Gute Noten oder du bist tot @=«.

Natürlich lässt sich als Außenstehender leicht sagen, dass es sich um einen ebenso dummen wie bösen Scherz handeln musste. Aber ich hatte so etwas in meinen gut 30 Jahren als Lehrerin noch nicht erlebt. Ich bin mit meinen Schülern immer gut ausgekommen und hielt mich für jemanden, den auch die Schüler respektierten. Obwohl es sich nur um eine kurze Zeile mit einem seltsamen Zeichen handelte, fühlte ich mich regelrecht aus der Bahn geworfen. Es war für mich von Anfang an klar, dass so etwas nur aus den Reihen der Schüler kommen konnte, nur konnte ich mir niemanden vorstellen, der so etwas tun würde.

Was zu der Frage führte, was ich nun tun sollte. Sollte ich in der nächsten Unterrichtsstunde mein Handy hochhalten und fragen, wer mir quasi eine Morddrohung geschickt hatte? Damit hätte ich alle unschuldigen Schüler sicher zutiefst erschreckt, und außerdem hätte ich das Thema öffentlich gemacht – denn es war klar, dass sich die Geschichte sofort herumsprechen würde. Also sagte ich erst einmal nichts und sprach auch zu Hause nicht darüber. Aber der Schreck saß tiefer, als ich es mir hätte träumen lassen. Wobei von träumen nicht die Rede sein konnte. Denn schlafen konnte ich kaum noch, und in den Tagen danach aß ich so gut wie nichts mehr. Als ich in einer Freistunde im Lehrerzimmer saß, erreichte mich eine neue Textnachricht. Die lautete diesmal schlicht »Denk dran @=«. Mir wurde schlecht, und ich rannte zur Toilette, um mich zu übergeben.

Bis zu diesem Zeitpunkt hatte ich immer noch mit niemandem über die Vorfälle gesprochen. Aber jetzt merkte ich erst, was die wenigen Worte schon mit mir angestellt hatten. Ich war zwar nicht körperlich angegriffen worden, aber die Attacken via Handy hatten tief in mir ähnliche Auswirkungen wie ein realer Angriff.

Ein Kollege bekam meine überstürzte Flucht in die Toilettenräume mit und fragte, was mit mir los sei. Ein Versuch, mich mit einem womöglich verdorbenen Essen herauszureden, zeigte keinen Erfolg. Der Kollege gab mir vielmehr zu verstehen, dass man mir inzwischen durchaus anmerkte, dass etwas nicht in Ordnung war. Also erzählte ich ihm, was geschehen war. Die erste Nachricht allerdings hatte ich nach dem Schreck bereits gelöscht, die neue Nachricht wiederum wies eigentlich keinen bedenklichen Inhalt auf, abgesehen von dem seltsamen Zeichen, das ich inzwischen für eine Signatur des Absenders hielt.

Der Kollege glaubte mir trotzdem, was ich ihm erzählte. Vor allem riet er mir auch von meiner Idee hab, mit der ich mich inzwischen beschäftigte: Ich wollte auf die Nachrichten antworten, indem ich fragte, was das Ganze soll. Natürlich wollte ich auch wissen, welche Person dahintersteckte.

Mein Kollege hielt das für einen Fehler. Wenn ich reagierte, würde ich damit zeigen, dass die Nachrichten mich berührten. Vor allem aber erklärte mir mein Kollege, dass die Kinder heute durchaus in der Lage sind, sich elektronisch zu verstecken. Ich selber bin auf dem Gebiet zugegeben kaum bewandert. Aber es ist wohl ein Leichtes, die Absender von Textnachrichten oder E-Mails zu verschleiern.

Ich war erst einmal erleichtert, dass ich überhaupt mit jemandem darüber gesprochen hatte. Doch obwohl der Kollege mir riet, mit der Schulleitung zu sprechen, bat ich ihn um Stillschweigen. Ich hatte immer noch die Hoffnung, dass die Sache im Sande verlief und dass der Absender die Lust daran verlor. Was ein Irrtum war. In den Tagen danach erreichten mich E-Mails mit ähnlichen Drohungen. Das war zu viel. Vor allem stellte sich mir die Frage: Warum ich? Warum gerade ich? Ich war doch immer für die Schüler da, hatte fast mein ganzes Leben darauf verwendet, ihnen etwas zu geben, das sie auf ihr Leben vorbereitet. Warum also sollten sie mir Böses wollen? Mir war bewusst, dass in der Klasse, die ich zu Beginn des Schuljahres übernommen hatte, nicht alles perfekt lief. Der Notenschnitt entsprach nicht den Erwartungen – nicht meinen, und auch nicht denen der Schüler. Aber so etwas habe ich nicht zum ersten Mal erlebt, und bisher hatte das nie weiterreichende Folgen gehabt.

Ich wusste nicht mehr, was ich tun sollte und bei einem weiteren Gespräch überzeugte mein Kollege mich nun doch, mit der Schulleitung zu reden. Dort zeigte man nicht nur Verständnis für meine Lage, man war regelrecht erschüttert, dass so etwas gerade an unserer Schule vorkam. Ich hatte zu dieser Zeit gerade von Schulen gehört, an denen unangenehme Ereignisse lieber unter dem Deckel gehalten werden, damit nicht in der Öffentlichkeit darüber gesprochen wird. In diesem Fall war die Reaktion jedoch eine andere: Die Polizei wurde eingeschaltet. Bald musste ich dort erfahren, dass die Vermutung meines Kollegen richtig war – die

Absenderadressen der Nachrichten und Mails waren verschlüsselt. Man sagte mir, dass es eine Weile dauern könnte, den oder die wahren Urheber ausfindig zu machen – wenn es denn überhaupt klappen würde, da nicht jeder Anbieter entsprechender Dienste sich hilfsbereit zeigte, wie man aus Erfahrung wusste. Was ich zumindest schon einmal erfuhr, war die Bedeutung des seltsamen Zeichens, das am Ende jeder Nachricht vorkam und das ich für eine Art Signatur hielt. Tatsächlich handelte es sich bei @= um eine sehr düstere Variante eines sogenannten Emoticons beziehungsweise Smileys, das schlicht und einfach für Atomkrieg steht – man hatte mir also nicht nur mit dem Tod gedroht, sondern indirekt einen regelrechten Vernichtungskrieg angekündigt.

Das Schlimmste für mich in jener Zeit war allerdings der Umstand, dass ich meine Arbeit nicht vernachlässigen konnte und wollte. Ich musste also täglich auch wieder vor die Schüler treten, von denen einige aller Wahrscheinlichkeit nach die ganze Sache in Gang gebracht hatten. Es waren Tage mit den schlimmsten Gefühlen meiner gesamten Laufbahn. Ich fühlte mich, als würde ich nackt vor den Klassen stehen. Weil da vielleicht jemand saß, der genau wusste, was in mir vorging. Jede kleine Regung, jede Randbemerkung der Schüler brachte mich ins Grübeln, ob dahinter eine weitere Nachricht steckte.

Noch immer war nichts geschehen, das auch nur entfernt an eine Tätlichkeit herankam. Doch nach und nach wurde ich regelrecht paranoid. Wenn mich jemand umbringen wollte, wie würde er es wohl anstellen, fragte ich mich. Ich brachte mein Auto in die Werkstatt und ließ die Bremsen überprüfen, zu Hause stöhnte meine Familie bald, weil ich jedes Türschloss drei Mal kontrollierte.

Die Polizei wiederum nahm tatsächlich die Ermittlungen auf. Was dazu führte, dass an der Schule die Schüler befragt wurden. Das allerdings hinterließ nicht die Spuren, die ich erwartet hätte. Bis dahin war ich mir sicher, dass so eine Befragung junge Menschen beeindruckt, die bisher noch nie mit dem Gesetz in Konflikt geraten waren. So sehr, dass sie Angst bekämen und weitere Drohungen unterließen. Meine große Hoffnung war sogar, dass sich ein Schüler bekennt und sich anschließend als geläuterter Täter bei mir entschuldigt.

Das Gegenteil war der Fall. Eine kleine Gruppe Schüler lachte besonders laut über die Befragungen. Immer wenn ich in der Nähe war, sprachen sie auch darüber, dass es heute fast unmöglich ist, solche anonymen Drohungen zurückzuverfolgen – weil die Polizei technisch gar nicht auf der Höhe sei und man mit ihr regelrecht spielen könne.

Es schien ihnen vollkommen egal, dass sie mit ihrem Gerede und ihrem Spott sehr deutlich machten, dass der Ursprung der Drohungen genau bei ihnen zu suchen war. Weil sie wussten, dass ihnen nichts nachzuweisen war. Sie trieben die Sache sogar auf die Spitze, indem mir während der laufenden Ermittlungen eine weitere Nachricht geschickt wurde. Und zwar wieder eine, die für sich allein nicht einmal eine Drohung darstellte. Sie lautete einfach nur »bald @=«.

Doch ich wusste natürlich, was damit gemeint war. Ich gebe ganz ehrlich zu, dass es eine fürchterliche Zeit war. Einerseits sagte ich mir, dass schon nichts passieren werde. Andererseits befürchtete ich in jedem einzelnen Moment, dass etwas geschehen könnte. Hinzu kam, dass ich zwar besagte Schüler oder einige von ihnen für die Urheber hielt. Nur wusste ich nicht, ob ich damit richtig lag, und ich wusste auch nicht, ob noch weitere Schüler involviert waren.

Jede Unterrichtsstunde wurde zu einem Akt der Selbstüberwindung. Die Polizei unterstrich gleichzeitig, was die Schüler behaupteten: Sie kam bei den Ermittlungen nicht voran. Am Ende des Schuljahres kam für die in Frage kommenden Schüler dann auch das Ende ihrer Schulzeit, und sie machten den Abschluss. Nahezu gleichzeitig endeten die Drohungen. Ich bekam keine Nachrichten mehr auf das Handy und auch keine E-Mails. Die Polizei versuchte noch, den Eindruck aufrechtzuerhalten, sie würde weiter in dem Fall ermitteln, tatsächlich aber gab es niemals weitere Ergebnisse oder gar eine Lösung des Falles. Alles also vorbei, alles abgehakt und vergessen? Leider war das für mich nicht der Fall. Wer noch nie derartig bedroht wurde, kann sich sicher kaum vorstellen, was das in einem Menschen auslöst. Vor allem, wenn man sein Leben lang für Kinder und Jugendliche da war, die dann zu solchen Mitteln greifen.

Ich fühlte mich, als hätte ich vollkommen versagt. Als Mensch und als Pädagogin. Ausgerechnet ich hatte in den Schülern etwas ausgelöst, das sie dazu brachte, mir den Tod anzudrohen. Wäre das einem anderen Lehrer passiert, hätte ich natürlich den Schülern die Schuld gegeben, ich hätte irgendwo in meinem Hinterkopf aber wohl auch einen Gedanken gehabt, der sich um die Frage dreht, ob dieser Lehrer vielleicht etwas falsch gemacht hat. Im Kollegium habe ich solche Sätze nie gehört, aber der Gedanke, dass Kollegen mir eine Mitschuld gaben oder mich als Lehrerin in Frage stellten, kam durchaus auf.

Doch während ich immer noch über das Wieso, Weshalb, Warum nachdachte, geriet der Fall für mein Umfeld bald immer weiter in den Hintergrund. Das Leben geht eben weiter, und jeder hat seine eigenen Probleme. Vor allem schien die Sache nun ja abgehakt. Auch ich bin natürlich ein erwachsener Mensch und versuchte, mich wieder auf die Zukunft und den Alltag zu konzentrieren. Es sollte allerdings eine Weile dauern, bis mir das wieder weitgehend gelang. Noch lange habe ich ein ungutes Gefühl gehabt, wenn eine Textnachricht auf meinem Handy einging. Eines kam für mich trotzdem nie in Frage: Dass ich meinen Beruf an den Nagel hänge aus Angst, es könnte noch einmal etwas Ähnliches geschehen. Das wäre nur eine späte Kapitulation gegenüber einigen Jugendlichen gewesen, die vermutlich nicht einmal wussten, was sie da taten, und was sie vor allem einem Menschen antaten. Sicher hatte ich anfangs wirklich um mein Leben gefürchtet, inzwischen aber bin ich überzeugt, dass es sich tatsächlich nur um einen äußerst schlechten Scherz handelte. Was mich aber bis heute aufregt, ist der Umstand, dass das Geheimnis nie aufgedeckt wurde. Die Polizei hat ihre Ermittlungen eingestellt, niemand hat sich mehr für den Fall interessiert. Ich aber muss damit leben, dass da draußen jemand ungestraft herumläuft, der mir das Leben eine Zeit lang zur wahrhaftigen Hölle gemacht hat.

Andererseits hab ich mich inzwischen natürlich auch informiert, ob es ähnliche Fälle gegeben hat. Tatsächlich bin ich auf durchaus Vergleichbares gestoßen. Dabei habe ich aber ebenfalls gelernt, dass ich im Grunde noch Glück gehabt habe. Denn diese Drohungen, das Mobbing von Lehrern beziehungsweise das Cyber-Bullying können auch ganz andere Ausmaße annehmen, selbst wenn es nicht um eine Morddrohung geht.

Wenn ich von Glück rede, dann meine ich das vor dem Hintergrund, dass die Drohung in meinem Fall auf mich als Adressaten beschränkt blieb. Vielfach ist es inzwischen so, dass die allgegenwärtigen Smartphones oder Facebook dazu genutzt werden, das Mobbing gegen Lehrer in größerem Rahmen zu betreiben, damit auch möglichst viele Menschen etwas davon mitbekommen. Bei meinen Recherchen bin ich schon damals auf den Fall eines britischen Lehrers gestoßen. Der bekam keine Drohung, trotzdem war für ihn vermutlich alles noch schlimmer. Während einer Unterrichtsstunde drehte sich der Lehrer zur Tafel um, was die Schüler nutzten, um sich von hinten an ihn heranzuschleichen – und ihm die Hose herunterzuziehen. Natürlich war der Lehrer erschrocken und fassungslos. Schließlich stand er von einem Moment auf den nächsten in Unterhosen vor den minderjährigen Schülern. Schnell zog er seine Hose wieder hoch und stürmte auf den Übeltäter zu.

Den Schülern ging es aber nicht nur darum, ihren Lehrer im Unterricht bloßzustellen. Die ganze Aktion wurde mit dem Handy gefilmt und fand ihren Weg ins Internet, wo das Video bald unzählige Liebhaber fand. Einen Lehrer in Unterhosen gibt es schließlich nicht jeden Tag, der Mann wurde zum Gespött. Es gelang ihm zwar schließlich, das Video verbieten zu lassen. Allerdings schaffte er nur das Original aus der Welt, Kopien kursierten weiter.

Was die Geschichte deutlich macht: Die Schülerstreiche von einst blieben dort, wo sie durchgeführt wurden – in der Schule nämlich. Inzwischen kämpfen Lehrer einen Kampf gegen die Schülerstreiche von heute, gegen Mobbing und gegen Cyber-Bullying. Und das bleibt nicht mehr in der Schule. Jeder Lehrer, der etwa vor seinen Schülern mal etwas lauter wird, muss sich darauf gefasst machen, dass eben diese Schüler die Situation filmen und das Video ins Internet stellen. Gerne unter zugkräftigen Titeln wie »Lehrer rastet aus«. Das hat deutlich langfristigere Folgen: Weil jeder das Video finden kann und der Lehrer wie eine Person dasteht, die ihre Klasse nicht im Griff hat. Natürlich auch vor Eltern oder Lehrerkollegen, die ja ebenfalls im Internet unterwegs sind. Auch ohne Verbreitung über irgendwelche Medien war die Todesdrohung für mich erschreckend genug.

»Manchmal habe ich keine Ahnung, welcher Schüler zu welchen Eltern gehört.«

Wenn der Elternsprechtag zum Rätselraten wird

Volker W., 36, Französischlehrer an einem Gymnasium in Nordrhein-Westfalen

Elternsprechtage sind immer ein spezielles Thema und nicht immer einfach. Denn wenn Eltern das Gespräch suchen, geht es natürlich häufig um Probleme und schlechte Leistungen des Kindes. Und für die machen manche Eltern allein uns Lehrer verantwortlich. Besonders unangenehm wird es jedoch, wenn man als Lehrer in den Zeilen verrutscht, während man die Leistungen des Schülers vorträgt – und praktisch von einer anderen Person berichtet. Noch schlimmer wird es, wenn man beim besten Willen nicht darauf kommt, welches Kind wohl zu dem Vater gehört, der da vor einem sitzt.

Dieser Fall geschah während eines ganz normalen Elternsprechtages. Der Mann kam herein, man begrüßte sich freundlich. Und dann setzten sich in meinem Kopf die Zahnräder in Bewegung. Der Mann war mir nicht bekannt, und ich konnte ihm und seinem Namen keinen Schüler zuordnen. Es gibt Eltern, da ist einem sofort klar, welches Kind ihres ist. Weil es schon äußerlich Ähnlichkeiten gibt oder weil man schon miteinander zu tun gehabt hat. Aber dieser Mann – ich hatte absolut keinen Ahnung. Was die Situation kompliziert machte. Eltern kommen nicht zu einem

Sprechtag, um einem verwirrten Lehrer gegenüber zu sitzen. Sie wollen etwas wissen. Über die schulischen Leistungen des Kindes, über sein Verhalten, oder darüber, wie sich eventuell die zuletzt so schlechten Noten erklären ließen.

Nur ist das recht schwer, wenn man nicht die geringste Ahnung hat, von welchem Schüler die Rede ist. Das Gespräch verlief also erst einmal recht schleppend, während ich fieberhaft überlegte. Im Geiste ordnete ich einzelne Schüler Eltern zu, die mir bekannt waren. So konnte ich schon eine große Gruppe ausschließen. Dann nahm ich mir den Vater selber vor und versuchte, ihm ein Kind zuzuordnen. Der Mann war recht grobschlächtig, sodass ich die Schüler mit einem sehr zarten Körperbau ebenfalls ausschloss. Dieses Ausschlussverfahren setzte ich noch eine Weile fort – tatsächlich geschah all das in wenigen Momenten –, bis ich die Lösung des Problems eng eingegrenzt hatte. Allerdings konnte ich den Mann immer noch nicht einem einzigen Schüler zuordnen. Übrig blieben zwei Mädchen, die möglicherweise die Töchter des Mannes waren. Nur ging es dem ja nicht um zwei Töchter, sondern nur um eine.

Die Situation war also immer noch unangenehm. Aber gerade in dem Stadium des Schuljahres waren die Leistungen beider Schülerinnen recht ähnlich. Also habe ich im Geiste beide zu einer Person gemacht und dem Vater daraufhin über seine Tochter berichtet. Wobei ich natürlich auch zu Phrasen griff, die beim Gespräch mit den Eltern ja nicht unüblich sind – frei nach dem Motto »Ihr Kind ist ja alles andere als dumm, es ist einfach nur recht faul«. Zum Glück sind die Gespräche während eines Elternsprechtages nicht sehr lang. Weil es sich nicht um Einzeltermine dreht, sondern die Eltern diverser Kinder nacheinander empfangen werden. Es dauert oft gerade einmal fünf Minuten, in denen die wichtigsten Informationen über Leistung und Verhalten vermittelt werden.

Der Vater hörte mir im Grunde recht teilnahmslos zu, und ich vermute heute, dass er nicht aus eigenem Antrieb gekommen war, sondern dass vielleicht seine Gattin einen anderen Termin wahrnehmen musste und er nur als Ersatz eingesprungen war. So gab es auch keine peinlichen Momente oder Situationen, in denen der Vater die Glaubwürdigkeit meiner Ausführungen in Frage stellte. Am Ende verabschiedete man sich, und ich atmete erleichtert auf.

Tage später merkte ich erst, dass ich mit meiner Vermutung falsch gelegen hatte: Die Tochter war keine der beiden, auf die ich im Zuge meines Ausschlussverfahrens gekommen war. Sie war weder grobschlächtig wie ihr Vater, noch waren ihre Leistungen nur durchschnittlich, wie ich sie in meinen vagen Erklärungen umschrieben hatte. Aber ich muss wohl so vage geblieben sein – und der Vater gleichzeitig so desinteressiert, dass das Gespräch beziehungsweise meine Vortrag glaubhaft wirkte.

Ich gebe gerne zu, dass dieser Elternsprechtag keine Sternstunde meiner Laufbahn war. Vor allem hatte ich als Vater zweier Söhne selbst schon mit ähnlichen Situationen zu tun. Meine Frau kam einmal äußerst verärgert von einem Sprechtag heim, an dem sie einem ahnungslosen Lehrer gegenüber gesessen hatte. Der Termin fand zur Mitte des Schuljahres statt, die Lehrer hatten also schon genügend Gelegenheit, ihre Schüler kennenzulernen. Jener Lehrer jedoch gab unumwunden zu, dass er nicht wusste, wer denn unsere Söhne waren.

Während eines Elterngesprächs können indessen auch noch andere Dinge schiefgehen. Und zwar gerade dann, wenn nicht über das Kind gerätselt werden muss, sondern genau dieses Kind ebenfalls anwesend ist – körperlich zumindest. In diesem Fall handelte es sich um einen Schüler, der eigentlich nur dadurch auffiel, dass er störte. Auch während des Elterngesprächs zeigte er sich gewollt desinteressiert und fingerte ständig an seinem Handy herum. Was mich aufregte. Es regte mich sogar so sehr auf, dass ich vollkommen durcheinander kam, als ich den Eltern von den Leistungen des Sohnes berichtete. Ich wusste, dass er ein sehr schlechter Schüler war. Als ich dann aber zu seinen Leistungen in

Französisch kam, verrutschte ich in meiner Liste um eine Spalte und berichtete wie ein Automat, was dort stand: mündlich zwei, schriftlich zwei. Der Schüler reagierte auf diese Falschmeldung gar nicht, sondern fingerte weiter an seinem Handy herum. Die Eltern dagegen legten ihre defensive Was-der-Junge-wohl-wieder-angestellt-hat-Haltung augenblicklich ab und drückten nun voller Stolz das Kreuz durch. Bis ich meinen Fehler bemerkte. Ich sagte den Eltern, dass ich unglücklicherweise in der Zeile verrutscht war, und teilte ihnen nun die bittere Wahrheit mit: Dass der Sohn tatsächlich nicht in der Lage war, Französisch zu sprechen, und dass bei ihm auch keinerlei Interesse am Lernen der Sprache festzustellen war. Der Schüler wachte nun tatsächlich einen Moment aus seiner Lethargie auf. Er kommentierte das Geschehen mit »Da haben Sie mich ja richtig gefickt«, bevor er seine Aufmerksamkeit wieder vollkommen dem Handy widmete.

Der Spruch des Schülers steht übrigens für ein Thema, das manche Eltern sogar noch mehr interessiert als die Noten – und für ein Thema, bei dem die Schüler häufig in sich zusammensinken, wenn sie vor ihren Eltern damit konfrontiert werden: das Sozialverhalten. Kaum ein Vater oder eine Mutter mag hören, wenn es über das Kind heißt »stört nur« oder »hört nicht zu« und »ruft ständig in die Klasse«. Und kaum ein Schüler möchte, dass die Eltern genau das hören.

Die Eltern wollen eigentlich nur bestätigt haben, dass der liebe Junge das beste Kind der Welt ist. Die Kinder möchten natürlich, dass die Eltern genau das glauben. Ein als schlecht eingeschätztes Sozialverhalten stört den Familienfrieden deutlich nachhaltiger als eine schlechte Note. Weil das Sozialverhalten vor allem den Eltern auch in der Außenwirkung wichtig ist. Das lässt sich ebenfalls während eines Elternsprechtages sehr schön feststellen. Wer an so einem Tag mit offenen Ohren durch die Schule geht, wird schnell auch ein gewisses Balzverhalten zahlreicher Eltern untereinander bemerken – dabei geht es nicht um die Anbahnung von

Kontakten, sondern häufig um höher, schneller, weiter. Etliche Eltern erklären ihr Kind gegenüber den anderen Eltern zum absoluten Überflieger. Das wird gern noch damit unterstrichen, welche Freizeitaktivitäten das Kind auf dem Wochenplan hat. Selbstredend wird kein Schüler so beschrieben, dass er stundenlang vor der Playstation hockt. Nein, das Kind ist mindestens in einem Schwimmverein angemeldet, weckt seine kreativen Talente in einem freiwillig besuchten Zeichenkurs und trainiert seine Körperbeherrschung zusätzlich in einer uralten japanischen Sportart. Natürlich stehen die Kinder eigentlich in allen Fächern auf Eins, und die Eltern sind nur gekommen, weil diese eine Zwei Plus in Sozialkunde ein wenig stört. Entsprächen all diese Aussagen der Wahrheit, bräuchten wir keine Elternsprechtage mehr – und ich hätte manche peinliche Situation gar nicht erleben müssen.

»Amokalarm!
Fack ju Göhte ist die reine Wahrheit.«

Jede Schule hat ihre Lisi Schnabelstedt

Ingrid L., 38, Erdkundelehrerin an einer Hauptschule in Berlin

Wer etwas darüber wissen will, wie es an den Schulen heute wirklich zugeht, der braucht sich nur die Erfolgskomödie *Fack ju Göhte* anzuschauen. Natürlich werden an deutschen Schulen keine ehemaligen Bankräuber als Lehrer eingestellt, aber abgesehen davon spricht der Film in vielen Punkten die reine Wahrheit über den Schulalltag.

Im Grunde leistet der Film sich nur einen Fehler, und den ganz am Anfang. Als sich der Hauptdarsteller als Hausmeister vorstellen will, wird der Alarmknopf für den Feueralarm gedrückt, gefolgt von dem Ausruf »Amokalarm! Verbarrikadieren Sie die Türen«. Diesen Amokalarm gibt es an Schulen nicht. Abgesehen davon spricht der Film in unglaublich vielen Details die reine schulische Wahrheit. Genau deswegen finde ich ihn als Lehrer auch so großartig – da ist dermaßen viel aus dem Alltag gegriffen. Natürlich wird es überspitzt wiedergegeben, aber das ist ja auch der Sinn einer Komödie. Als Lehrer hat mich das ungemein angesprochen. Dass mein Name einer der Hauptpersonen ähnelt, mag einen Anteil daran gehabt haben.

Aber man muss sich nur einmal die Figur der Referendarin Elisabeth »Lisi« Schnabelstedt anschauen. Meine Güte, musste ich lachen, als ich die das erste Mal gesehen habe. Die ist wirklich der Prototyp der Streber-Referendarin, die wohl an jeder Schule immer wieder einmal auftaucht. Wie die da rumspringt, immer mit fünftausend Sachen ausgestattet, mit selbst gebasteltem und laminiertem Material – ich weiß nicht mehr, wie oft ich solche Typen schon ertragen musste. Auch die Ausdrucksweise. Dieses Ansprechen der Schüler in behutsamem und pseudopädagogischem Stil, dieses krampfhaft freundlich geflüsterte »Ich rede mit dir« in Richtung eines unaufmerksamen Schülers. Das ist keine Fantasie eines Drehbuchautors, da hat jemand ganz genau beobachtet und aufgepasst. »Denkst du bitte an deinen ökologischen Fußabdruck« – einfach großartig.

Mit den Großen – also den älteren Schülern – habe ich mir den Film vor den Ferien noch einmal im Unterricht gemeinsam angeschaut. Das hatten sie sich gewünscht, und in diesem Fall auch verdient. Da ist mir noch einmal aufgefallen, wie viel in dem Film tatsächlich aus dem Schulbetrieb adaptiert wurde. Später habe ich realisiert, wie sehr der Film inzwischen im tatsächlichen Alltag der Schule angekommen ist. Lässt jemand im Unterricht etwas zu Boden fallen, ist es fast schon garantiert, dass ein anderer Schüler das mit »Denk bitte an deinen ökologischen Fußabdruck« kommentiert. Oder wenn zum Beispiel jemand zu spät kommt und die ganze Klasse brüllt »Unterricht hat angefangen«. Das ist natürlich direkt einer Filmszene entnommen. Als nämlich der von Elyas M'Barek gespielte Lehrer Zeki Müller eine Gruppe renitenter Schüler darauf aufmerksam machen will, dass der Unterricht längst begonnen hat, beschießt er die auf dem Hof herumlungernden Jugendlichen vom Balkon aus mit einem Paintball-Gewehr und ruft lautstark: »Unterricht hat angefangen!«. Okay, damit ist natürlich ein weiterer Fehler im Film gefunden: Wir schießen nicht mit Paintball-Gewehren Farbkugeln auf Schüler, um sie auf uns aufmerksam zu machen – allerdings habe ich mir schon so manches Mal gewünscht, ich könnte genau das tun.

Sage ich dann aus Versehen, oder weil die Worte irgendwo in meinem Gehirn seit dem Film schlummern, zu einem Schüler: »Ich rede mit dir«, kann ich mir sicher sein, dass die gesamte Klasse darauf reagiert, indem sie zu dem Angesprochenen sagt: »Sie redet mit dir.«

»Mein Geheimnis: Ich bekomme jede Klasse ruhig.«

Wie simple Belohnungssysteme manchmal Wunder wirken

Charlotte K., 29, Englischlehrerin an einer Realschule in Bonn

Ich möchte mal etwas in Richtung all der Lehrer und Lehrerinnen da draußen sagen, die immer behaupten, die Schüler von heute sind einfach nur ein unbeschulbares Pack, dem mit herkömmlichen pädagogischen Mitteln einfach nicht mehr Herr zu werden ist. Was ich denen zu sagen habe, ist schlicht: Ihr habt es nur noch nicht wirklich oder mit den richtigen Mitteln versucht.

Klar ruft mal ein Schüler dazwischen, natürlich gibt es Unruhe im Unterricht und selbstverständlich gibt es auch die Schüler, die wirklich Probleme bereiten. Aber es gibt immer und immer wieder Wege, wie sich solche Probleme lösen lassen. Kein Lehrer muss verzweifeln oder am Rande des Nervenzusammenbruchs im Lehrerzimmer hocken, ständig in Angst vor der nächsten Unterrichtsstunde und damit der nächsten Seelenqual. Wir sind erwachsene Menschen und wir sind Pädagogen. Es ist unser Beruf, mit solchen Situationen und den Schwierigkeiten umzugehen. Wenn wir uns ständig nur über die bösen Schüler beklagen, denken wir einfach in die falsche Richtung. Wir sind die Erwachsenen, nicht unsere Schüler. Wir sind es, von denen die Ideen kommen müssen, mit denen wir Kinder und Jugendliche zum Lernen bewegen und dazu, dass sie dem Unterricht aufmerksam folgen.

Notwendig sind dafür keine ausufernden pädagogischen Abhandlungen, in vielen Fällen reicht der gesunde Menschenverstand aus – in Verbindung mit einer Idee, die konsequent umgesetzt wird. Ich persönlich nutze ein sehr simples Belohnungssystem, das aber bei aller Schlichtheit ausgesprochen gut funktioniert. Wie jeder Lehrer weiß, ist Lautstärke im Unterricht eines der häufigsten Probleme – Kinder quatschen halt gerne miteinander. Ich persönlich bin in solchen Situationen kein Freund von Strafen. Ich finde es immer schwierig, dass häufig mehr bestraft als bestärkt wird. Also habe ich irgendwann eine Methode ersonnen, die da Ausgleich schafft und mit der allen gedient ist.

Nun wird es kompliziert, jedenfalls für diejenigen, die noch nie mit einem Belohnungssystem gearbeitet oder überhaupt einen Gedanken daran verschwendet haben. Die Basis meines Systems besteht darin, dass es an der Tafel drei Smileys gibt: Ein lachendes grünes Smiley, ein gelbes mit neutralem Gesichtsausdruck und dann als drittes noch das rote Smiley, das sehr traurig aussieht.

Wird es mir nun im Unterricht zu laut, hebe ich erst einmal eine Hand. Danach zähle ich mit den Fingern von fünf langsam runter – also erst wird einer der ausgestreckten Finger eingezogen, dann noch einer und so weiter. Bin ich bei Null angelangt, kein Finger ist mehr ausgestreckt und trotzdem ist immer noch keine Ruhe eingekehrt und die Klasse hat trotz der Warnung nicht realisiert, dass nun wieder Arbeiten angesagt ist, verschwindet eines der drei Smileys von der Tafel.

Am Ende der Schulstunde halte ich fest, wie viele Smileys den Unterricht »überlebt« haben: Die Anzahl der verbliebenen Smileys notiere ich in einer Stempel-Kartei. Diese Kartei hat Platz für insgesamt 40 Stempel. Haben die Kinder es geschafft, die Kartei in einem bestimmten Zeitraum voll zu bekommen, dürfen sie eine Stunde lang einen Film schauen und die Tante Lehrerin backt für die Klasse. Meistens mache ich Apfel-Zimt-Muffins; die wollen sie eigentlich immer am liebsten haben.

Film und Muffins, das hört sich natürlich nach einer Schule an, die Vergnügungssteuer verlangen sollte. Darum aber geht es gar nicht. Gezeigt wird nicht irgendein Film, sondern – da ich Englisch unterrichte – immer ein englischsprachiger Film, der damit auch seinen Nutzen für das Lernen hat. Manchmal schauen wir uns auch TV-Serien wie *How I Met Your Mother* im Original an, andere wie *Big Bang Theorie* gibt es mit Untertiteln, weil es hier sprachlich schwieriger wird. Damit will ich sagen, dass das Anschauen von Filmen und Serien keine unterrichtsfreie Zeit darstellt.

Das Wichtigste aber ist: Das Belohnungssystem funktioniert. Es kommt erstaunlich gut an. Für mich ist außerdem sehr schön, dass ich nicht bei jeder Störung die Stimme belasten muss, indem ich gegen die Lautstärke anschreie. Statt jedes Mal »leise!«, »Ruhe!« oder »Jetzt ist mal Schluss!« zu rufen, hebe ich einfach nur die Hand und bewege fünf Finger. Meist ist es dann schon beim dritten Finger wieder ruhig. Weil die Schüler das System kapiert haben und weil sie es inzwischen zu schätzen gelernt haben. So sehr, dass sie eigentlich immer versuchen, das Maximum von drei Smileys pro Stunde zu erhalten.

Was ich noch erwähnen sollte: Das Belohnungssystem kann natürlich auch in die andere Richtung gehen. Sind einmal tatsächlich wegen häufiger Unruhe alle drei Smileys von der Tafel verschwunden und ich muss doch noch einmal ermahnen, gibt es bei jeder dieser Null-Punkt-Ermahnung eine Hausaufgabe zusätzlich. Das erkläre ich den Schülern damit, dass aufgrund des Lärmpegels das Pensum der Stunde nicht zu schaffen war und sie daher zu Hause etwas nachzuarbeiten haben. So weit ist es bisher aber noch nie gekommen.

Ich verlange von keiner Klasse, dass sie wirklich die ganze Zeit mucksmäuschenstill ist – das hätte ich zu meiner Schulzeit auch nicht gekonnt. Aber mit dem System erreiche ich, dass man gemeinsam im Unterricht arbeiten kann, und nicht ständig Halligalli ist. Außerdem hat sich unter meinen Schüler auch etwas eingestellt, das ich als kollektive Motivation bezeichnen möchte. Ein Großteil der Klasse möchte meist, wie gesagt, möglichst viele Smileys in der Stempelkartei haben. Stört nun ein Schüler ständig und lässt so zum Unmut der anderen die Zahl der Smileys schwinden, muss nicht nur ich dagegen vorgehen, indem ich die Hand hebe oder Smileys streiche, auch die Schüler selbst drängen den Störer dazu, Ruhe zu geben und nicht noch mehr Smileys von der Tafel verschwinden zu lassen.

Es mag sein, dass mancher Kollege so etwas für Kinderkram hält. Im Kollegium bin ich bisher aber nur auf positive Reaktionen getroffen, und einige Kollegen haben das System inzwischen sogar übernommen. Entweder eins zu eins oder mit Variationen. Meine Erfahrung, nicht nur zu diesem System, lautet: Je mehr man investiert als Lehrer, an Ideen und auch Motivation, desto mehr bekommt man auch wieder zurück. Wenn man diesen Beruf nicht mit Herzblut ausübt, erreicht man auch nichts – mir waren schon im Studium die angehenden Lehrer ein Gräuel, die den Beruf nur ergreifen wollten wegen des Beamtenstatus und der Sicherheit. Die Lehrer also, die Außenstehende immer für so typisch halten. Sie sind natürlich nicht typisch, und natürlich bin ich nicht die einzige Lehrkraft weit und breit, die sich ein Belohnungssystem überlegt hat. Gerade Smileys werden in unterschiedlichster Form eingesetzt. So gibt es Systeme, bei denen sich jeder Schüler in gewissen Abständen eine vorgegebene Zahl von Smiley-Karten nehmen darf, bei jeder Störung aber wieder einen Smiley abgeben muss.

Insgesamt gibt es zahllose Wege und Ideen, mit denen sich Schüler in eine gewünschte Richtung motivieren lassen. Und ohne es verallgemeinern zu wollen: Ich denke, dass mancher Lehrer, der sich über die Unbelehrbarkeit der Schüler ereifert, selber Schuld an seinen Problemen ist. Wer immer nur nach Schema F verfährt, muss sich nicht wundern, wenn Kinder und Jugendliche es genauso halten und weiter am von ihnen bevorzugten Lautstärkepegel oder an ständigen Störungen festhalten. Nimmt man sich selbst und sein Fach zu ernst und definiert man sich nur über seinen Beruf, läuft man einfach sehr stark Gefahr, dass man selbst und damit der Unterricht auf eine falsche Schiene gerät. Das frustriert natürlich. Besser ist es, wenn man realisiert, dass Kinder nicht funktionieren wie ein Computer, der sich einfach an- und ausschalten lässt.

Mir ist es lieber, auch mal Fünfe gerade sein zu lassen. Es gab schon Fälle, in denen ich von Kollegen schief angeschaut wurde, weil die der Meinung waren, ich hätte längst eine Meldung an die Eltern rausschicken müssen. Aber ich sage mir eben: Es ist niemand zu Schaden gekommen. Die Schüler dürfen schon mal etwas Grenzwertiges sagen, sie müssen dann aber auch damit rechnen, dass ich entsprechend kontere. So lernen die ja überhaupt erst. Woher sollen sie wissen, wo die Grenze ist, wenn sie darauf nicht seiltanzen? Ich habe eher Angst davor, mit fünfzig einer dieser Lehrerinnen zu sein, die meinen, sie verstünden die Jugendlichen so toll, andererseits aber nach besagtem Schema F verfahren. Meine größte Angst dabei ist, dass ich gar nicht merke, wie ich in diese Schiene gerate.

Dazu kommt andererseits die Angst, durch mein Engagement in eine Burn-out-Situation zu geraten. Denn um auszubrennen, muss man erst einmal gebrannt haben. Und ich brenne wirklich für meinen Beruf. Um dem auszuweichen, sage ich mir zum Beispiel immer, ich arbeite als Lehrerin – nicht: Ich bin Lehrerin. Außerdem ziehe ich mich privat anders an als im Beruf, einfach um eine Grenze zu setzen.

Denn mein Berufsstand hat keinen Feierabend. Da kann es schon vorkommen, dass man abends um neun vorm Fernseher sitzt und plötzlich eine neue Idee für den Unterricht hat. Dann wird »nur mal ganz kurz« der PC angeschaltet, um die Idee festzuhalten – schwupps ist es Mitternacht.

Daher habe ich mir seit einiger Zeit strikte Regeln gesetzt: Ab 18 Uhr ist der PC aus, egal wie weit ich bis dahin gekommen bin.

Und am Sonntag wird nichts für die Schule gemacht. Man muss einfach eine Linie ziehen, zwischen hier bin ich und hier ist mein Job. Gerade in einem Beruf, der sich nicht über eine Lochkarte definiert, läuft man sonst Gefahr, dass diese Grenze immer mehr verwischt.

»Dann war die Klausur weg – einfach verschwunden.«

Wenn geschieht, was nicht geschehen darf

Claudia Z., 46, Geschichtslehrerin an einem Gymnasium in
Leipzig

Das Prinzip einer Klassenarbeit ist altbekannt: Schüler bekommen
eine Aufgabe, der Lehrer korrigiert die Arbeit und am Ende gibt es
eine Note. Woran kaum jemand denkt, das ist mir passiert: Die
Klassenarbeit eines Schülers war verschwunden und ließ sich
nicht mehr auffinden. Nun gab es zwei Möglichkeiten: Der Schüler
hatte sie gar nicht abgegeben oder ich hatte sie verloren.

Normalerweise zähle ich am Ende der Klassenarbeit durch, wie
viele wirklich abgegeben wurden. Ich war mir sogar sicher, das
auch an diesem speziellen Tag getan zu haben. Als ich mich an die
Korrekturen setzte, war ich mir immer noch sehr sicher, dass alles
seinen geordneten Gang gehen würde. Bis ich irgendwann darauf
stieß, dass die Arbeit eines Schülers nicht in dem Stapel war. Ich
habe mehrmals nachgezählt, habe immer gehofft, dass ich irgendwie beim Zählen durcheinander gekommen war. Dann durchsuch-
te ich mein Arbeitszimmer, stellte den Papierkorb auf den Kopf und
durchwühlte selbst Regale, an denen ich schon Wochen nicht
mehr gewesen war. Es folgte der Weg vom Auto zur Haustür, dann
das Auto selbst und schließlich fuhr ich zurück zur Schule, wo ich
meinen Tag und meine Wege zu rekonstruieren versuchte, immer
in der Hoffnung, in einer verborgenen Ecke doch noch auf die

Klassenarbeit zu stoßen. Ich fand nichts. Dann dachte ich alles wieder und wieder durch. War der Schüler wirklich während der Klassenarbeit anwesend gewesen? Konnte ich mich erinnern, dass er auch wirklich gearbeitet hat? Hat er sie abgegeben? Jeder, der schon einmal länger an einer rätselhaften Situation herumgedacht hat, kennt vermutlich das Ergebnis: Das Gehirn setzt einem immer neue Szenen vor, die mal die eine Version, mal die andere bestätigen.

Die meisten Lehrer kennen die kursierenden Anekdoten um seltsame Verluste von Klassenarbeiten. An meiner Schule war der Fall einer Kollegin legendär, die – wie viele andere Lehrer – während einer Urlaubsreise in den Ferien Arbeiten zum Korrigieren mitnahm und diese am Flughafen auf dem Dach des Mietwagens vergaß, von dem sie sich in den ersten Kurven für immer verabschiedeten. Gerne erzählt wird bei uns auch von der ehemaligen Deutschlehrerin, die Klassenarbeiten in einer Plastik-Einkaufstüte mit nach Hause nahm und die Tüte dort erst einmal im Flur parkte. Nur ahnte sie nicht, dass ihr Ehemann gerade im ganzen Haus Altpapier einsammelte und es direkt im Anschluss zu einem Container fuhr. Als die Frau sich am nächsten Tag an die Korrekturen machen wollte, war die Tüte verschwunden und auch der Container längst abgeholt.

Über diese Geschichten musste auch ich immer wieder schmunzeln, zumal es darin nie um die Folgen ging. Die bestanden in meinem Fall darin, dass ich nun erst einmal mit dem Schüler reden musste. An die große Glocke hängen wollte ich die Sache natürlich nicht. Also nahm ich den Schüler beiseite und fragte ihn, ob er eventuell die Arbeit in seine Schultasche gesteckt und mit nach Hause genommen hatte. Hatte er nicht, wie er sagte. Vor allem aber war der Schüler nicht dumm und bemerkte schnell, dass ich mich in einer unangenehmen Situation befand. Ich befürchtete bald, dass der Schüler versuchen würde, mich reinzureiten. Indem er zum Beispiel bei der Schulleitung beteuerte, dass er die Arbeit abgegeben habe und ich die Schuld an dem Verschwinden trage. Zum Glück war der Schüler aber auch so intelligent, dass ihm bald bewusst wurde, wie wenig eine solche Konfrontation letztlich bringen würde. Also versuchte ich ihm zu vermitteln, dass es am Ende unmöglich sein würde, einen Verantwortlichen zu ermitteln. Die Arbeit könnte überall verlorengegangen sein – beim Einsammeln, bei mir, oder auch dadurch, dass sie tatsächlich nicht geschrieben und abgegeben worden war. Ich habe mich mit dem Schüler darauf verständigt, dass er die Klassenarbeit nachschreibt.

Sicher wäre die Sache um einiges problematischer geworden, hätte der Schüler wirklich darauf beharrt, dass er die Arbeit ordnungsgemäß geschrieben und auch bei mir abgegeben hatte – und hätte er daraufhin noch seine Eltern und die Schulleitung eingeschaltet, um Druck auf mich auszuüben. Das wäre sicher erst einmal darauf hinausgelaufen, dass man Beweise für die eine oder andere Theorie suchen müsste. Da aber für Außenstehende beide Möglichkeiten gleich wahrscheinlich waren, hätte man auch in diesem Fall im Endeffekt wohl feststellen müssen, dass sich nicht herausfinden ließ, welche Wahrheit wahrer war – die Arbeit wäre auch dann wohl nachgeschrieben worden. Denn das sagen die rechtlichen Vorschriften für die Grundsätze der Leistungsbewertung auch aus. Nur in Einzelfällen kann nach Abstimmung mit der Schulleitung ein nachträglicher Leistungsnachweis auch durch gesonderte Prüfung erbracht werden.

Seit diesem Vorfall zähle ich allerdings die Zahl der abgegeben Klassenarbeiten gleich mehrfach nach. Und ich bin froh, dass es sich nur um eine einzige fehlende Arbeit handelte. Gerade erst wurde mir von einem Lehrer aus der Schweiz erzählt, der ein noch weitaus größeres Problem hatte. Nachdem die Arbeiten für das Mathe-Abitur geschrieben waren, nahm er sie an sich und verstaute sie für den Heimweg im Gepäckkoffer seines Mopeds. Was keine gute Idee war, denn der Koffer hatte ein Problem: Während der Fahrt öffnete sich der Deckel, und nach und nach flatterten die Klausuren aus dem Behältnis, verteilten sich auf der Straße, in Straßengräben und wohin auch immer der Wind sie wehte. Der Lehrer bemerkte schließlich das Desaster. Er stoppte und versuchte zu Fuß, die Arbeiten wieder einzusammeln. Tatsächlich fand er einige wieder, aber längst nicht alle. Und die, die er wiederfand, waren auch nicht mehr durchweg in einem einwandfreien Zustand, der noch eine Benotung erlaubte. Auch hier mussten die Schüler schließlich die Arbeit wiederholen, und so weit ich weiß, haben auch alle bestanden. Trotzdem: In der Haut dieses Lehrers hätte ich nicht stecken wollen.

»Zeugnisnoten sind das, was ich von einem Schüler halte.«

Was nicht passt, wird passend gemacht

Markus L., 46, Mathematiklehrer an einem Gymnasium in Mecklenburg-Vorpommern

Es ist wahr – Lehrer manipulieren die Zeugnisnoten ihrer Schüler. Oder vielleicht sollte ich es so ausdrücken: Die Noten werden dem Bild angeglichen, das ein Lehrer vom Schüler hat. Das kann mal in eine positive Richtung gehen, mal aber auch in eine negative. Sodass eine gefährdete Versetzung doch noch aus der Gefährdungszone herausrutscht – oder aber eine rechnerisch mögliche Versetzung doch nicht erfolgt.

Grundlage für die Zeugnisnoten sind natürlich die Noten aller schriftlichen Arbeiten – also der Klassenarbeiten oder der Tests. Hinzu kommen die Noten für alle im Unterricht erbrachten Leistungen – die Sonstige Mitarbeit, also die mündlichen oder praktischen Leistungen. Aus allen Noten wird eine Gesamtnote errechnet. Das aber ist nur die Basis, und daher ist die spätere Zeugnisnote auch kein Wert, der wirklich unumstößlich ist.

Es gibt nämlich Fälle, in denen man die Note an das Kind »anpasst«. Ich erinnere mich an eine Schülerin, die immer sehr aktiv mitgearbeitet hat und auch in den Klausuren ordentliche Leistungen ablieferte. Bis es im Familienumfeld zu Komplikationen kam. Der Großvater erkrankte schwer, man rechnete täglich mit seinem Ableben. Die Schülerin hatte zu ihrem Opa ein sehr enges Verhältnis und hielt sich mit der Familie fast jeden Tag im Krankenhaus auf, um in den letzten Stunden beim Großvater zu sein. Hausaufgaben und auch das Lernen für die Klassenarbeiten kamen in dieser Zeit zu kurz. Der Opa starb schließlich, und die Trauer über den Verlust überwog auch danach noch die Gedanken an das Lernen. Die Leistungen der Schülerin in Noten zeigte während des Schuljahrs also eine deutliche Delle. Nach einer Weile aber war das Tief überwunden, und die Schülerin bemühte sich aus eigenem Antrieb alles nachzuholen, was sie vernachlässigt hatte, die Noten verbesserten sich deutlich.

Das war einer der Fälle, bei denen ich mich ausgiebig mit der Zeugnisnote beschäftigt habe. Rein rechnerisch haute es wegen der vorübergehend so schlechten Noten nicht hin und die Schülerin hätte nicht versetzt werden können. Aber da habe ich mich auf meinen pädagogischen Beurteilungsspielraum besonnen und mir überlegt: Dieses Kind soll die bessere Note bekommen. Also habe ich es so gestaltet, dass es doch noch hinkam.

Die tatsächlich zusammengesammelten Noten bilden die Basis. Aber eben nur die Basis. Die Zeugnisnote muss nicht allein rein rechnerisch ermittelt werden, die einzelnen Noten der Leistungen während des Unterrichts oder in den Klausuren werden auch unterschiedlich gewichtet. Was natürlich auch begründet sein muss – oder sein sollte. In erster Linie durch den Umfang oder den Schwierigkeitsgrad der Aufgaben. Was aber natürlich auch einen gewissen Spielraum für den Lehrer begründet.

Bei diesem Kind stand für mich fest, dass es die bessere Note bekommen muss. Das Mädchen hatte es in dem Jahr wirklich schwer und es hatte sich zudem besonders angestrengt, um seine Noten wieder zu verbessern. Ich musste die Spielräume ausreizen. Denn mir war bewusst, dass es im Fall dieser Schülerin gar nichts gebracht hätte, wenn sie die Klasse hätte wiederholen müssen. Sie hatte ja längst begonnen, ihre Versäumnisse wieder aufzuholen. Nur war ihr nicht mehr die Zeit geblieben, noch genügend gute Noten zu erbringen, um das auch rechnerisch zu belegen. Ich bezog mit ein, dass gerade diese Schülerin bei der Mitarbeit im Unterricht immer so gute Gedanken hatte, dass sich das in Noten gar nicht wiedergeben ließ. Vor allem aber war ich mir sicher, dass sie nach der Versetzung nicht scheitern würde. Für sie hätte das Sitzenbleiben nur die unnötige Verschwendung von Lebenszeit bedeutet. Also setzte ich mich über den rein rechnerischen Aspekt bei der Notenvergabe ein wenig hinweg.

So etwas könnte man natürlich in einer Lehrerkonferenz nicht hinausposaunen. Trotzdem bin ich mir sicher, dass ich nicht der Einzige bin, der so handelt. Ich selber habe das kürzlich sogar bei meinem Sohn bemerkt. Der hat zum Teil so gute Noten im Zeugnis, dass ich immer wieder überrascht bin. Denn anhand der Noten der schriftlichen Leistungen könnten die in der Form gar nicht zustande kommen. Da scheint es Lehrer zu geben, die von dem Jungen mehr halten, als es die Klassenarbeiten zeigen. Natürlich gibt es auch den umgekehrten Fall.

Ich erinnere mich an einen Schüler, der immer wieder deutlich machte, dass er keinen Bock auf Schule hatte. Was die Lehrer ihm beibrächten, sei völlig unsinnig, sein Vater würde ihm auch immer wieder sagen, dass es völliger Quatsch sei. Kein Mensch brauche in seinem späteren Leben das Wissen, wie sich etwa der Flächeninhalt eines Kreises oder das Volumen einer Kugel berechnen ließ. Besagter Vater trichterte dem Sohn aber auch ein, dass Schule zwar vor allem unnötiges Wissen vermittle, dass ein Schulabschluss für das weitere Leben und die berufliche Karriere indessen unbedingt nötig sei. Was dazu führte, dass der Schüler zwar regelmäßig den Unterricht störte und sein Desinteresse ausdrückte – dass er es aber auch schaffte, seinen Notenschnitt an der Grenze zwischen Versetzung und Nichtversetzung zu halten, meist knapp auf der Seite, die an der Ehrenrunden vorbeischrammte.

Das führte dann eines Tages zu dem äußerst seltenen Ereignis, dass in einer Konferenz über die Richtigkeit der Noten gesprochen wurde. Wir waren uns einig, dass eine Versetzung eigentlich nicht vertretbar war. Rechnerisch zwar schon, weil der Schüler es einmal mehr geschafft hatte, die Noten knapp über die Hürde zu hieven. Aber es war nicht vertretbar, weil er abseits des reinen Notenschnittes derart viele – zu viele – Defizite aufwies. Es erschien wenig wahrscheinlich, dass er nach der erfolgten Versetzung noch einmal mit seiner Haltung und seinem Arbeitsprinzip, es »gerade noch zu schaffen«, Erfolg haben würde. Also wurde gemeinschaftlich beschlossen, die Noten so zu gestalten, dass das nicht geschehen würde.

Ich selber werte das nicht als Manipulation. Denn wenn es bei den Zeugnisnoten Spielräume gibt, gehören dazu auch die pädagogischen Erwägungen. Kommt man dann, wie in diesem Fall, gemeinsam zu der Überzeugung, dass der eingeschlagene Weg des Schülers kein guter ist, findet man auch Wege, das zu berichtigen. Nicht, indem man Noten fälscht, sondern indem man dem einzelnen Schüler noch einmal auf den Zahn fühlt. Was einem rechnerisch nicht richtig erscheint, wird auf diese Weise richtiggestellt.

Eine Sache muss ich aber ebenfalls einräumen: Lehrer sind Menschen, und daher sind wir auch nicht frei von Sympathie und Antipathie. Es hat durchaus einen Einfluss, wie sich Schüler verhalten oder wie die Stimmung in einer Klasse ist. Es gibt Klassen, die testen gerne ihre Grenzen aus, indem sie die Grenzen des Lehrers ausloten. Im Extremfall wird der Unterricht so lange gestört, bis es dem Lehrer wirklich zu viel wird. Oder es werden Hausaufgaben einfach nicht gemacht, weil man erst einmal herausfinden will, wie der Lehrer reagiert oder wie oft er das mit sich machen lässt. Natürlich stechen dabei einzelne Schüler meistens besonders heraus, es gibt aber auch ganze Klassen, die sich gegen alles auflehnen, was sie stört – vor allem gegen das Lernen. Es fällt schwer, sich in solchen Fällen gegen das Gefühl zu wehren, dass einem diese Klassen unsympathisch sind, und obwohl man es selber gar nicht wirklich will, hat das Einfluss auf die Noten. Die können im Rahmen des Ermessensspielraumes schon mal in den unteren Bereich sinken.

Doch auch hier gibt es den umgekehrten Fall. Klassen, die sich wirklich bemühen, die aktiv mitarbeiten und die auch mal eine Pause durcharbeiten, weil es ihnen einfach Freude macht. Solche Klassen und solche Schüler machen auch mir als Lehrer Freude.

Kommt es dann aber nach all den Bemühungen zu einer Klassenarbeit, die wider Erwarten schlecht ausfällt, fällt es schwer, das auch in entsprechend schlechte Noten zu fassen. Und so nutzt man den Ermessensspielraum in einem solchen Fall fast automatisch in positiver Richtung aus.

»Alles künftige Profifußballer und Hochbegabte – wenn's nach Mutti geht.«

Als Lehrer zwischen den Eltern der besten Kinder der Welt

Roswitha D., 37, Deutschlehrerin an einem Gymnasium in Berlin

Über Eltern kann ich nur Gutes berichten – wenn Eltern in der Nähe sind. Wenn sie nicht in der Nähe sind, muss aber auch mal eines gesagt werden: Es gibt sehr nette Eltern, aber es gibt auch solche, die einem den letzten Nerv rauben. Natürlich ist für jeden Vater und jede Mutter der eigene Spross das fantastischste Wesen der Welt. Einige übertreiben es allerdings vollkommen. Weil sie nicht verstehen wollen, dass ihr Kind letztlich auch einfach nur ein Kind ist. Gerade wenn es das erste oder auch das einzige Kind ist, kann ein Elternabend zum Horror werden. Da sprechen einzelne Eltern nur von ihrem Kind, und im Grunde sind sie zu dem Elternabend ohnehin nur gekommen, weil sie vom Lehrer als Fachkraft hören wollen, dass ihr Kind einzigartig, großartig und schlichtweg super ist. Da gibt es auch diese Personen, die ich immer unter dem Begriff ›Fußballmuttis‹ zusammenfasse: Für die ist es selbstverständlich, dass ihr Kind – gesegnet mit einem einzigartigen Talent – im späteren Leben einmal Profifußballer wird. Ein Mensch, der Mannschaften von Sieg zu Sieg führt, der Millionen verdient und mit der Nationalelf mindestens eine Weltmeisterschaft gewinnt.

Wenn ich mir Mühe gebe, schaffe ich es, solchen Aussagen mit einem Lächeln zu begegnen. Ich weiß ja selbst, wie stolz man auf sein Kind sein kann. Wenn es zudem gute Noten abliefert und auch allgemein keine großen Probleme macht, ist man natürlich noch doppelt stolz – oder erleichtert. Abgesehen davon sind Eltern auch nur Menschen, und jeder Mensch sehnt sich nach Bestätigung durch andere. Da tut es schlicht gut, wenn ein Lehrer etwas Positives über den Nachwuchs äußert. Und man sagt sich dann, dass man wohl wirklich nicht alles falsch gemacht hat.

So weit, so positiv. Es kann aber auch zu sehr eigenartigen Situationen kommen. Ein Kollege aus einer anderen Stadt hat mir kürzlich von einer seltsamen Begebenheit berichtet. Ein Elternpaar – beide Akademiker – war so von den außerordentlichen Fähigkeiten des Sohnes überzeugt, dass sie kaum davon abzubringen waren, das Kind sei hochbegabt. Die Eltern sprachen kaum noch über etwas anderes, als die vermeintliche Hochbegabung. Nicht nur mit Lehrern und Schulleitung, sondern vor allem auch mit anderen Eltern, denen man in der doch recht kleinen Stadt immer wieder begegnete. Das führte zu einem Phänomen, von dem ich in dieser Form bisher noch nie gehört habe: Die anderen Eltern waren bald einerseits genervt, andererseits fühlten sie sich gewissermaßen in Zugzwang. Da die Kinder miteinander zur Schule gingen und auch zusammen spielten, war es für manche wohl unerträglich, dass das eigene Kind im Vergleich zu diesem einen Jungen irgendwie weniger intelligent sein sollte. Bald sahen immer mehr Eltern in ihren Kindern außergewöhnliche Talente und Begabungen erwachen – es kam zu einer regelrechten Hochbegabten-Welle, weil kein Elternpaar mehr einfach nur ein normales Kind haben wollte. Die Welle verebbte jedoch schnell wieder. Nachdem erste Eltern entsprechende Hochbegabungstests bei ihren Kindern veranlasst hatten, sprachen sie nur noch sehr ungern beziehungsweise gar nicht mehr über die Ergebnisse.

Abgesehen von solchen Problemfällen unter den Eltern können Elternabende aber auch sehr entspannte Angelegenheiten sein. Vor allem wenn ein Lehrer neu an der Schule ist, kommen die Eltern gelegentlich aus reiner Neugier, weil sie einfach wissen wollen, wie der neue Lehrer aussieht. Da schüttelt man nach dem Elternabend schon mal den Kopf über drei Stunden vertane Lebenszeit, weil man ja auch einfach ein Foto hätte verschicken können – aber es gibt Schlimmeres. Viele Eltern kommen auch einfach nur, weil sie sich bestätigen lassen möchten, dass mit dem Kind in der Schule alles ordentlich läuft. Das sind dann häufig Zwei-Minuten-Gespräche, in denen ich genau das sage: Es ist alles okay, ich habe nichts zu bemängeln, die Mitarbeit könnte vielleicht etwas besser sein, aber die Noten passen, das Gleiche gilt für die Heftführung – also ein grober Check-up.

Man muss auch sagen, dass solche Elternabende – wie auch immer sie sich gestalten – letztlich ja durchaus sinnvoll sind. Die Eltern bekommen ansonsten zu Hause nur mit, was das Kind erzählt, umgekehrt bekomme auch ich nur mit, was das Kind mir erzählt. Die Brücke zwischen beiden Seiten wird dann am Elternabend geschlagen. Gott sei Dank gab es in dem Zusammenhang bisher in meinem Erleben noch keine großen Erschütterungen in dem Sinne, dass die Erzählungen zu weit auseinanderklafften und die Bilder nicht einigermaßen kompatibel gewesen wären.

In meinem Fall aber war es so, dass es den Eltern häufig gar nicht um rein schulische Dinge ging. Ich bin zwar längst dem Alter entwachsen, in dem man sich über Äußerlichkeiten definiert. Aber ich habe früh angefangen, für mich selbst ein Bild zu schaffen, das mich als Lehrerin definiert. Mancher mag darüber lachen, aber ich trage in der Schule ausschließlich Kostüme im Stil der Sechzigerjahre, dazu eine entsprechende Frisur mit zusammengebundenen oder hochgesteckten Haaren. Das macht mich in den Augen der Schüler zu einer auffälligen Erscheinung und von der berichten sie auch ihren Eltern. Man kommt also nicht nur, wenn ich neu an der Schule bin, auch später kommen immer wieder einmal Eltern, nur um zu sehen, ob ich wirklich so ausschaue, wie die Kinder erzählen.

Das führt zu durchaus komischen Situationen. Es gibt recht viele Erwachsene, die alles, was irgendwie anders aussieht, in eine Schublade stecken. Ich habe schwarze Haare, trage dazu meist dunkelroten Lippenstift und dann noch diese Kostüme – das hat durchaus schon dazu geführt, dass eine Mutter mich fragte:»Sind Sie so ein Gothic oder eine Satanistin?« Das ist gar nicht abwertend gemeint, sondern in der Regel einfach Neugier. Wenn ich das dann klarstelle und auch erkläre, dass ich als Satanistin an einer Schule wohl das eine oder andere Problem hätte, wird aus den Fragen häufig ein Beratungsgespräch. Besagte Mutter wollte nämlich eigentlich gar nichts über mich wissen, sondern sie wollte Unterstützung in Hinblick auf den Sohn. Der, so die Frau, habe angefangen, sich seltsam zu kleiden, und vor allem – oh Schreck – wollte der sich nun auch noch die Haare färben. Was zu der eigentlichen Frage oder vielmehr Angst führte:» Nicht, dass der jetzt auch noch anfängt, Drogen zu nehmen«. Mir ist wirklich kein Kausalzusammenhang zwischen auffälliger Kleidung, gefärbten Haaren und Drogen bekannt. Als die Frau sagte, sie wolle dem Sohn die optische Veränderung schlichtweg verbieten, habe ich ihr geraten, es statt mit einem Verbot doch einfach mal mit einem Gespräch zu versuchen. Vielleicht kann der Junge ja erklären, warum er plötzlich Lust auf eine andere Haarfarbe und andere Klamotten hat. Frei nach dem Motto: Wieso, weshalb, warum? Wer nicht fragt bleibt dumm. Zum Schluss habe ich der Dame dann noch gesagt, dass aus mir trotz meiner auffälligen Erscheinung ja auch ein vernünftiger und fest im Leben stehender Mensch geworden ist, der weder Drogen angerührt hat noch beim Alkohol über die Stränge schlägt.

Eine andere Mutter ist einmal, einen Kinderwagen vor sich herschiebend, auf den Schulhof gelaufen, und zwar direkt in meine Richtung. Schon aus einiger Entfernung begann sie zu grüßen: »Hallo! Hallo! Hallo!« Als sie näher kam, fragte sie schnaufend: »Sind Sie Frau …?« Was ich bejahte und sie dann fragte, woher sie mich kenne – ich wusste schließlich, dass ich der Dame noch nie begegnet war. Daraufhin erzählte die Mutter, dass ihr älteres Kind mich sehr detailliert beschrieben habe und dass sie nun einfach neugierig sei. Dazu hätte sie natürlich nicht mit dem Kinderwagen über den Schulhof rasen müssen – aber manchmal haben auch Eltern immer noch etwas Kindliches.

Ich kann übrigens anderen Lehrern nur raten, es selbst einmal mit einem unverwechselbaren Äußeren an der Schule zu versuchen. Das schafft sehr große Freiräume, während der Zeit im anderen Leben. Wenn ich in meiner Freizeit in Jeans, T-Shirt und mit offenen Haaren durch den Ort gehe, erkennt mich kaum jemand. Nicht einmal meine Schüler, mit denen ich ja täglich zu tun habe. Gerade gestern stand ich im Supermarkt neben einer Schülerin und begrüßte sie mit ihrem Namen. Die schaute mich nur vollkommen verständnislos an. Insgesamt ist es sehr angenehm, trotz aller Nähe zu den Schülern, immer auch problemlos in eine Anonymität abtauchen zu können.

»Einige Kollegen sind einfach nur unfähig, die sollte man nicht auf Kinder loslassen!«

Warum man über Lehrer stöhnen sollte, die über ihren Job stöhnen

Fabian S., 42, Lateinlehrer an einem Gymnasium in München

Es ist ja zu einer Art Mode geworden, dass einige Lehrer öffentlich ihren Frust darüber ablassen, dass ihre Arbeit immer härter wird. Das soziale Miteinander sei rauer geworden, der Umgangston habe sich dem Straßenjargon angeglichen und zuhören tue auch keiner mehr im Unterricht. Das ist meiner Meinung nach meistens Quatsch. Für mich finden da nur Lehrer Gehör, die von ihrer eigenen Unfähigkeit ablenken möchten. Solche Lehrer gibt es immer wieder und überall. Es ist eigentlich traurig, dass diese Menschen überhaupt auf Kinder und Jugendliche losgelassen werden.

Das sind Lehrer, die schon morgens zu Unterrichtsbeginn eigentlich am Ende sind, weil es in der Klasse ja so unruhig ist, und weil sie die Schüler erst einmal zur Ruhe bringen müssen. Da kann ich mir nur an den Kopf fassen. Hallo? Lehrer und Unruhe in der Klasse, das gehört doch zusammen wie Pech und Schwefel. Warum heult da jemand über einen Zustand, der vor zehn, zwanzig oder fünfzig Jahren nicht anders war?

Aber diese Lehrer tun so, als wären sie in einer Art Höllenfeuer gelandet. Die sitzen dann später im Lehrerzimmer und erzählen, dass sie wieder kaum etwas von dem geschafft hätten, was sie eigentlich vorhatten. Weil die Schüler quasselten, einer immer mit dem Stuhl kippelte und so weiter und so fort. Das sind erwachsene Menschen, die irgendwie nicht kapieren, was ihr Job eigentlich bedeutet. Wer mit dem Gedanken antritt, jede Unterrichtsstunde müsse exakt so verlaufen, wie er oder sie es geplant hat, der muss an einer Schule ohne Schüler unterrichten.

Eine frühere Kollegin von mir hat sich immer wieder darüber ausgelassen, wie sehr das alles doch nerve, wie zermürbend es sei, wenn nach den langen Vorbereitungen im stillen Kämmerlein dann doch wieder alles anders laufe. Die hat irgendwie nie richtig verstanden, was es bedeutet, mit Kindern zu arbeiten. Keine Klasse wird sofort komplett verstummen, nur weil der Lehrer sagt, die Unterrichtsvorbereitungen hätten Stunden gekostet. Die sind vielmehr einfach nur genervt davon, dass da vorne eine weinerliche Person wieder einmal ihr Leid klagt – wie eigentlich jeden Tag. Die Frage ist ja auch, was so ein Auftreten bei den Kindern sonst noch auslöst. Vielleicht fragen sie sich, ob Erwachsensein bedeutet, dass man einfach nur frustriert ist und keine Freude am Leben mehr hat.

Solche Lehrer brauchen sich auch nicht zu beschweren, wenn ein Drittel des Unterrichts durch Störungen draufgeht. Hinterher behaupten sie, die Schüler seien schuld, weil sie sich gegenseitig aufwiegeln und keine Rücksicht auf den Unterricht oder den Unterrichtenden nehmen. Erst einmal an die eigene Nase fassen, würde ich vorschlagen. Anstatt sich über die immer gleichen Probleme zu beklagen, wäre es wohl zielführender zu fragen, warum das immer wieder und vor allem immer wieder einem selbst passiert.

Natürlich ist an den Schulen nicht alles perfekt, und natürlich gibt es auch die echten Problemfälle. Da muss auch mal das Jugendamt eingeschaltet werden, und es gibt intensive Gespräche mit den Eltern. Nicht immer sind die Probleme dann aber gelöst. So etwas zehrt natürlich an den Nerven, und es macht auch mal traurig oder wütend. Was mich aber noch viel wütender macht, das sind die Lehrer, die sich dann nur über ihr schlimmes Los aufregen. All der Einsatz, all ihre Arbeit seien umsonst gewesen. Tatsächlich ist es doch ganz anders. Man hat zumindest etwas versucht, man hat etwas getan. Und man hat jede Chance der Welt, wieder das Richtige zu tun, es zu versuchen. Anstatt über die eigene verlorene Zeit zu lamentieren, sollte man doch besser überlegen, was man noch für ein Kind tun könnte, wie man es weiter unterstützt, um seine Situation zu verbessern.

Aber solche Gedanken sind meiner Erfahrung nach ohnehin absolute Ausnahmefälle. Keine Ausnahme dagegen ist es, dass Kollegen sich beschweren, die Schüler wären zu dumm, sie würden die gestellten Aufgaben nicht verstehen. Gegenfrage: Wäre es nicht vielleicht schlauer, Aufgaben zu stellen, die Schüler auch verstehen? Ein Kollege von mir fand es immer unglaublich innovativ, sich für den Fremdsprachenunterricht Rollenspiele auszudenken. Die Schüler sollten sich Gespräche zwischen vorgegebenen Personen ausdenken und das am Ende dann auch schauspielerisch darstellen. Immer wieder beklagte er sich, dass die Schüler nicht verstehen, was er von ihnen wollte. Dabei ging es nicht um Einzelne, sondern um komplette Klassen. Ich halte es für äußerst unwahrscheinlich, dass eine solche Klasse durchweg nicht über das geistige Potenzial zum Verstehen einer Aufgabe verfügt. Die Aufgabe wird vielmehr viel zu theoretisch und zu kompliziert aufgezogen gewesen sein.

Das Tragische an solchen Lehrer ist aber nicht nur das grundlegende Problem ihrer fachlichen oder menschlichen Unfähigkeit, es ist die Spirale, die daraus erwächst. Der Lehrer ereifert sich über die Schüler, dann ärgert er sich, und schließlich ist er frustriert. Dieser Frust hat natürlich auch Auswirkungen auf das Privatleben, vor allem aber auf den weiteren Unterricht. Stöhnt man über die steten Unterrichtsstörungen, geht man bald schon genervt mit der entsprechenden Erwartungshaltung in die Klasse, regt sich noch stärker auf, reagiert gereizt. Was letztlich auch die Schüler bemerken, die dann nur noch lauter werden, weil sie merken, dass sie einen erwachsenen Lehrer zur Weißglut bringen können. Der Lehrer wiederum nimmt sich selbst die Chance, andere Lösungswege für das bestehende Problem zu suchen – weil er sich nur darauf fixiert, dass er genervt ist.

Besonders schlimm ist es, wenn derartige Lehrer in Folge ihrer eigenen Unfähigkeit einzelne Schüler zu Problemfällen erklären. Noch schlimmer wird es, wenn der Lehrer vor dem Kollegium und der Schulleitung über die vermeintlichen Problemfälle stöhnt und andere in der Folge gar nicht mehr unvoreingenommen mit dem Schüler umgehen.

Dahinter verbirgt sich noch ein ganz anderes Problem: Kollegen, die über die Umstände und ihre Situation stöhnen, wird eher zugehört als denen, die sich nicht beklagen. Das gilt besonders in der Öffentlichkeit. Niemand will in den Medien ein Interview hören, in dem ein Lehrer von den rosigen Seiten des Berufs berichtet. Wer dagegen von asozialen Zuständen, Lernverweigerung und zunehmender Verblödung der Kinder erzählt, dem hört man gern zu. Selbst wenn man es eigentlich besser weiß oder es bei den eigenen Kindern auch anders erlebt.

Traurig ist auch, dass gerade die Problemlehrer die sind, die immer wieder bei der Schulleitung stehen und darum bitten, im nächsten Jahrgang doch nicht mehr die vermeintlichen Problemfälle unterrichten zu müssen. Am liebsten würden sie sich eine handverlesene Klasse zusammenstellen lassen, die selbst dem unfähigsten Lehrer keine Probleme beschert. Klappt das nicht, sondern passiert ein »Oh Gott, nicht die drei in meiner Klasse«, dann wird das zu einer Katastrophe ausgewalzt, wird im Kollegium darüber lamentiert und wieder und wieder die Schulleitung konsultiert.

Bei der nächsten Lehrerkonferenz sind es dann auch diese Kollegen, die als Erstes darüber klagen, ihre Belastungsgrenzen seien erreicht. Ich höre zwar immer wieder, dass es eine ungeschriebene Regel gibt, nach der Lehrer untereinander nie Schwächen zeigen, weil sie sich nicht angreifbar machen wollen. Ich kann das so nicht bestätigen. Es gibt durchaus diejenigen, die sich immer beklagen, weil sie unter dem Stress und den Schülern so unglaublich leiden. Apropos Stress: Auch das ist so eine Sache. Ich kenne Lehrer, die darüber klagen, dass sie nicht einmal die Zeit fänden, in der Pause ein Butterbrot zu essen. Weil sie immer noch etwas zu tun hätten, im Lehrerzimmer noch ein Protokoll eines Elterngesprächs schreiben oder die Fehlstunden der Schüler nachtragen müssten. Diese Unfähigkeit, sich die Arbeit einzuteilen, wird dann auch in den restlichen Tag übernommen. Lehrer klagen, dass sie bis spät in die Nacht Arbeiten korrigieren müssen. Andere erzählen davon, dass sie selbst in den Ferien nicht abschalten können, weil sie immer noch haufenweise liegengebliebene Arbeit zu erledigen haben. Nur: Ich kenne sehr viele Lehrer, die genau solche Probleme nicht haben. Die Arbeit als Lehrer ist zeitintensiv, aber wer seine Zeit einzuteilen weiß, der ist auch nicht ständig mit Problemen konfrontiert, dass die Arbeit nicht zu schaffen ist.

Auch das zählt für mich zur Unfähigkeit. Leider ist es bei Lehrern wie in jedem anderen Job – mancher kann es, mancher kann es nicht. Nur in anderen Berufen führt so etwas höchstens zu verspätet erledigten Aufträgen, zu nötigen Nacharbeiten. Außerdem ist es selbstverständlich, dass ein Koch mit seinem Restaurant pleitegeht, wenn den Gästen das Essen nicht schmeckt. Und ein unfähiger Manager verliert schnell seinen Job, wenn sein Versagen bemerkt wird. Ein unfähiger Lehrer dagegen kann in der Regel problemlos bis zur Pension sein Werk verrichten. Besonders tragisch daran ist, dass ein Lehrer es mit jungen Menschen zu tun hat, die mit den Folgen dessen, was ein unfähiger Lehrer anrichtet, ihr gesamtes Leben leben müssen.

Immer wieder höre ich von diesen Kollegen außerdem die Klagen, was denn ihrer Meinung nach Schuld sei an dem vermeintlichen intellektuellen Niedergang der Kinder und Jugendlichen. Da wird natürlich das Smartphone genannt, dann noch die Playstation. Beide zusammen hätten dazu geführt, dass die Kinder von heute sich gar nicht mehr miteinander unterhielten, dass sie den ganzen Tag nur in ihren Zimmern hockten, und dass sie keinen Baum und keine Blume benennen könnten. Selbstverständlich hat Elektronik das Leben verändert. Es gibt aber auch heute noch sehr viele Schüler, die sich an den Nachmittagen treffen, die gemeinsam etwas unternehmen und die miteinander reden. Ich selber hatte in meiner Jugend übrigens auch keine Ahnung von Blumen, und Bäume standen ebenfalls nicht im Mittelpunkt meiner Interessen. Außerdem ist es ja auch Sache des Lehrers, das Interesse der Schüler an Themen zu wecken – gerade jenen Themen, die sie in ihrem Alltag ansonsten kaum beschäftigen.

Aber zurück zum Kern dessen, was unfähige Lehrer zu einem echten Problem macht. Ein fähiger und engagierter Lehrer kann Schüler bewegen, er kann sie mitreißen und ihre Lust an der Schule steigern. Auch der unfähige Lehrer kann etwas bewegen, leider in die komplett andere Richtung. Um das zu beweisen, sind nicht einmal wissenschaftliche Studien notwendig, die ja immer wieder gerne herangezogen werden. Ich brauche nur durch die Schule gehen, an der ich selbst unterrichte. Die Unterschiede von Klassenraum zu Klassenraum sind frappierend. Öffne ich die eine Tür, finde ich vielleicht eine Klasse vor, die motiviert lernt, in der es keine nennenswerten Störungen, dafür aber eine gute Stimmung gibt. Öffne ich eine andere Tür, stoße ich auf einen lustlosen Lehrer, der seiner Schüler kaum Herr wird, die wiederum keinen Unterricht erfahren, der den Namen verdient hätte. Mir kann niemand erzählen, dass so etwas ausschließlich auf die Schüler und ihr soziales Umfeld geschoben werden kann.

Ich würde mir einfach wünschen, dass solche Idioten nicht mehr in den Schuldienst kommen würden. Diese Lehrer sind schuld am schlechten Image der Lehrer, sie versauen zahllosen

Kindern einen Teil ihrer Jugend, und vor allem haben sie in diesem Beruf einfach nichts zu suchen.

Es mag böse klingen, aber das einzig Gute in Zusammenhang mit diesen Lehrern besteht darin, dass sie nicht nur anderen das Leben schwer machen, sondern auch sich selbst. Sie feiern krank, weil sie sich psychisch so belastet von den bösen, bösen Kindern fühlen, sie lassen sich Burn-out attestieren und verbringen Monate in der Therapie – vor allem aber sind sie es, die einen beträchtlichen Anteil an dem Viertel von Lehrern haben, die nicht bis zum Pensionsalter durchhalten. Sie machen also irgendwann anderen und hoffentlich fähigeren Kollegen Platz.

»Liebe Frau Metzgerei-Fachangestellte, ich hab das studiert.«

Eltern, die alles besser wissen – und warum Lehrer die anstrengendsten Eltern sind

Susanne W., 38, Englischlehrerin an einer Realschule in Nürnberg

Es gibt sehr, sehr anstrengende Eltern. Vor allem zähle ich dazu den Typus, der alles besser weiß und sich im Grunde auch für den besseren Lehrer hält. Das ist nicht der überwiegende Teil der Elternschaft, aber eben ein sehr anstrengender. Da ist man schon sehr gefordert, entsprechende Gesprächssituationen geschickt zu lösen, ohne dass man einerseits jemanden beleidigt und damit noch Öl ins Feuer gießt, andererseits aber die Rollenverteilung unterstreicht. So nach dem Motto: Liebe Frau, Sie sind Metzgerei-Fachangestellte, ich habe das, was ich hier tue, fünf Jahre lang studiert, war zwei Jahre in einem Referendariat und habe seitdem noch so manches Jahr Berufspraxis gesammelt. Ich glaube daher, dass ich durchaus weiß, was ich mache. Natürlich ohne dabei die Metzgerei-Fachangestellte als Metzgerei-Fachangestellte abzukanzeln. Denn man muss so eine Sache schon sehr vorsichtig angehen. In den Fällen, die bei mir vorgekommen sind, habe ich den Personen immer gesagt, dass ich ihre Meinung durchaus respektiere. Dazu ein Beispiel: In einem Fall – in dem die Mutter tatsächlich in einer Metzgerei arbeitete, einer sehr guten übrigens – ging es um eine Tochter, die in naturwissenschaftlichen Fächern eine gewisse Begabung zeigte. In sprachlichen Fächer dagegen ging es trotz allen Fleißes nie über eine Vier hinaus. Vielmehr gab es nach jahrelangem Vierer-Schreiben plötzlich eine Sechs in einer Klausur. Mit der Tochter selbst habe ich lange darüber gesprochen, wie es zu dieser Sechs gekommen sein könnte. So etwas ist mir sehr wichtig, weil ich die Schüler in solchen Situationen mit ihrem Frust und ihrer Ratlosigkeit nicht alleine lassen möchte.

Allem Anschein nach aber war diese Besprechung für das Mädchen nicht ausreichend, zumindest wurde der Inhalt im Elternhaus gelinde gesagt leicht modifiziert wiedergegeben. Was zu der Bitte der Mutter um ein Gespräch führte. Zum nächsten Sprechstundentermin hatte ich allerdings keine Zeit und verschob den Termin um eine Woche. So lange wollte die Dame jedoch nicht warten. Vielmehr rief mich zwei Tage später der Schulleiter in sein Büro: Die Mutter habe sich mit ihm in Verbindung gesetzt und auf einen sofortigen Gesprächstermin bestanden. Mir rutschte ein wenig das Herz in die Hose, weil ich mich fragte, warum sie beim Chef anruft, obwohl wir doch einen Termin festgelegt hatten. Der Schuleiter allerdings löste die Situation sehr geschickt. Er bestellte die Mutter noch für denselben Nachmittag ein und holte mich dann dazu. Erhofft hatte die Dame sich wohl, dass sie mir über den Chef zusätzlichen Druck machen könnte. Sie war äußerst schockiert, als sie feststellen musste, dass ich ebenfalls an dem Gespräch teilnehme.

Besonders heftig für mich war, dass diese Frau im Gespräch plötzlich eine Liste herauszog. Darauf hatte sie detailliert aufgeführt, was ich in den Stunden vor der Klausur in der Klasse behandelt hatte. Gefolgt von der schrill ausgestoßenen Frage, wie ich mich denn erdreisten könne, eine Stunde vor der Englisch-Klausur Erdkunde statt Englisch zu unterrichten, da ich diese Klasse auch in Erdkunde habe. Das konnte ich jedoch recht schnell aufklären. Da ich drei Klassen parallel habe, mache ich auch in allen drei Klassen den gleichen Unterricht. Nicht nur den gleichen Unterricht, die Klassen schrieben auch die gleiche Klausur. In diesem Fall aber war eine Klasse im Schullandheim. Das bedeutete natürlich, dass ich während dieser Zeit nicht mit den anderen beiden Klassen noch weiter für die Schulaufgabe trainieren konnte, weil dann die Schullandheim-Klasse eine Stunde weniger Übung gehabt hätte. Das wusste die Mutter aber nicht und stellte die Situation in ihrer Anklage meines Verhaltens extrem dramatisch dar.

Sehr schnell löste sich die angespannte Situation dann aber auf. Es stellte sich heraus, dass die alleinerziehende Mutter sich einfach nur extreme Sorgen um ihr einziges Kind machte. In ihrem Gluckeninstinkt befürchtete sie nach der Sechs in der Klausur, die gesamte Zukunft und Karriere des Kindes wäre verbaut. Am Ende konnten wir die Mutter mit dem Gefühl nach Hause schicken, ihre Tochter ist noch nicht in den sprichwörtlichen Brunnen gefallen. Außerdem einigten wir uns auf einige Maßnahmen, mit denen sich die Noten der Tochter verbessern lassen könnten. Mein Chef vermittelte der Frau mit diplomatischem Gespür zudem, dass in Zukunft ein vereinbarter Gesprächstermin erst einmal tatsächlich wahrgenommen werden sollte, bevor man panisch die Schulleitung einschaltet.

Diese Mutter war aber letztlich immerhin ein klassischer Fall, um nicht zu sagen, ein altmodischer. Sie ist den traditionellen Weg gegangen. Sie hat sich aufgeregt, dann hat sie angerufen und man hat ein Gespräch geführt. Es gibt inzwischen auch Eltern, die ganz anders vorgehen. Das sind die Eltern, die das Leistungssystem unserer Gesellschaft sehr stark verinnerlicht haben und auch danach handeln, wenn es um die Bildung ihrer Kinder geht. Von solchen Eltern leben inzwischen sogar einige Schulbuchverlage recht gut.

Als Lehrerin sage ich, dass eine Drei immer noch eine ganz ordentliche Note ist. Viele Eltern sind da anderer Meinung. Die sehen ihr Kind und damit auch sich in einer Art Wettbewerb um die besten Noten. Weil nur solche Noten ihrer Meinung später eine

Karriere des Kindes ermöglichen – mit einer Drei wären sie nie vorne dabei. Was zurück zu den Schulbuchverlagen führt. Denn um den gewünschten Erfolg zu erreichen, sind die Eltern durchaus bereit, einiges Geld auszugeben. Daher gibt es bei gut der Hälfte der Schulbuchverlage inzwischen einen sogenannten Nachmittagsmarkt. Der ist also nicht für die Schule an sich da, sondern für die Eltern. Es sind Lern- und Übungsbücher, mit denen die Eltern sich selber mehr Informationen verschaffen, die aber auch zusätzliche Lern- und Übungshilfen für die Kinder bieten.

Es ist eigentlich verrückt: Wir Lehrer geben mit all unserer Erfahrung unser Bestes, aber da draußen sitzen dann diese Eltern, die dem klassischen Unterricht nicht mehr vertrauen und selbst das Ruder übernehmen. Meist mit einem Selbstbewusstsein, das gemessen an ihrem tatsächlichen Wissen vollkommen unangemessen ist. Da geht es wirklich nur noch um die Bestnoten. Die Erziehung der Kinder, die Entwicklung von Persönlichkeit – so etwas tritt weit in den Hintergrund. Welche Folgen das hat, werden wir wohl frühestens in einem Jahrzehnt sehen, wenn diese gedrillten Hochleistungs-Kids in der Arbeitswelt angekommen sind und nur noch eines kennen – den Weg an die Spitze.

Der Druck, den Eltern aufbauen, kommt aber nicht nur bei deren Kindern an, sondern auch bei uns Lehrern. Das gilt vor allem an Gymnasien, deren Ziel ja meist in einem Universitätsstudium der Kinder liegt. Konnte man früher auch mit einem durchschnittlichen Abschluss noch etwas studieren, liegt heute auf vielen Fächern ein Numerus clausus von vielleicht 1,4 oder 1,8. Das spornt die elterliche Leistungsfront noch einmal zusätzlich an, ihr Kind zu drillen – und den Lehrer sprichwörtlich in den Hintern zu treten. Denn die sind ja nicht viel mehr, als über Steuergelder angestellte Erfüllungsgehilfen der Eltern, und deswegen sollen sie das Kind zum gewünschten Ziel führen.

Anders als die oben beschriebene Mutter begnügen sich solche Eltern nicht mehr immer mit einem Anruf oder einem persönlichen Gespräch. Schließlich haben auch wir Lehrer inzwischen unsere E-Mail-Adresse, und die lässt sich in der Regel über die Schule erfahren. Das führt dazu, dass sich Eltern gar nicht mehr auf so etwas wie ein zeitintensives Telefonat einlassen. Viel leichter ist es doch, einfach kurz eine E-Mail zu schreiben und abzuschicken – zu jeder Tages- und Nachtzeit. Da muss man sich nicht mit den Argumenten der Gegenseite auseinandersetzen, muss die eigene Meinung nicht gegen eine andere vertreten, sondern haut einfach kurz raus, was man immer schon sagen wollte. Und kehrt unbekümmert zurück in den eigenen Alltag, ohne auch nur einen Gedanken daran zu verschwenden, was denn der Lehrer davon hält. Ich will nicht sagen, dass ich von Eltern mit E-Mails regelrecht zugespamt werde. Aber es gibt doch Fälle, in denen man von einem intensiven E-Mail-Wechsel sprechen kann.

Das ist natürlich insgesamt eine große Veränderung. Früher gab es auf der einen Seite das Elternhaus, auf der anderen Seite die Schule – beide taten, was sie tun mussten für die Bildung der Kinder, hatten aber vergleichsweise wenig miteinander zu tun. Heute wird alles immer mehr: Es gibt mehr Elterngespräche, es gibt mehr Möglichkeiten, miteinander in Kontakt zu treten. Schule und Elternhaus überlappen also auch immer mehr.

Zum Schluss möchte ich noch eines sagen: Die schlimmsten Eltern für einen Lehrer sind diejenigen, die selber Lehrer sind. Die stellen oft nicht nur außerordentlich hohe Anforderungen an ihre Kinder, sie erwarten von dem Lehrer auch, dass der die Eins im Zeugnis möglich macht. Gespräche mit solchen Vätern oder Müttern sind häufig sehr anstrengend, weil die es nicht lassen können, in jedem zweiten Satz zu betonen:»Ich bin selbst Lehrer«. Was nichts anderes bedeutet als: Ich kenne mich mindestens so gut aus wie Sie. Wobei das natürlich noch reine Höflichkeit ist. Eigentlich ist gemeint: Ich weiß es besser als Sie.

»Die haben Spaß an Blut und aufgespießten Köpfen.«

Warum das Sezieren mehr über die Schüler sagt als über die Tiere

Renate P., 59, Biologielehrerin an einer Oberschule in Berlin

Wenn es um das Sezieren im Biologieunterricht geht, wird häufig gesagt, das sei barbarisch oder Schule von vorgestern. Ich bin da völlig anderer Meinung: Wir sollten wesentlich häufiger sezieren. Am besten gleich zu Beginn jedes neuen Schuljahres und im Beisein aller Lehrer. Warum? Weil gerade das Sezieren mehr über einen Schüler aussagt, als wir Lehrer in Monaten oder Jahren erfahren. Einmal sezieren, und wir wissen, wer zu Gewalt neigt oder wer neugierig und interessiert ist. Wenn ein paar Spezis mit aufgespießten Fischköpfen Krieg spielen oder wissen wollen, wo ein Treffer am Herzen garantiert tödlich ist, ist Vorsicht angesagt.

Leider ist das Sezieren in den vergangenen Jahren etwas aus der Mode gekommen. Stattdessen wird auf Computer als Alternative oder Versuche im Reagenzglas gesetzt, um dem Vorwurf der Tierquälerei zu entgehen. Aber das ist meiner Meinung nach der falsche Weg, und Tiere werden im Unterricht ohnehin nicht gequält.

Dass das Sezieren so sehr in Verruf geraten ist, daran haben die Tierschutzorganisationen einen großen Anteil. Im Internet finden sich ja inzwischen ganze Seiten, die Schüler darüber informieren, warum diese Praktiken so vermeintlich böse sind, und wie sie die Mitarbeit an solchen Unterrichtseinheiten umgehen können.

Da wird den Kindern dann gesagt, dass Sezieren nichts anderes bedeutet, als Lebewesen aufzuschneiden, sie zu zerkleinern und in Teile zu zerlegen. Verbunden sind solche halbgaren Erläuterungen zudem mit der Aussage, dass sich dadurch eigentlich nichts lernen lässt, sondern Tiere aus bloßer Neugier des Menschen sterben müssen. Hinzu kommen Ratschläge, wie sich Kinder und Eltern dagegen wehren können. Wer das tue, könne zu einer Art Vorreiter und zu einem Helden der Tiere werden.

Ich bin ganz sicher niemand, der aus reinem Vergnügen Tiere tötet. Ich selber engagiere mich seit vielen Jahren für den Tierschutz. Aber ich bin auch der Meinung, dass wir in den Schulen nicht jahrzehntelang unsinnig Tiere und deren Körperteile aufgeschnitten haben. Diese Praxis lehrt Kinder und Jugendliche vielmehr, dass Tiere mehr sind als reine Hüllen, die sich durch die Natur bewegen. Gerade das Sezieren zeigt jungen Menschen sehr genau, dass sich unter der äußeren Hülle ein sehr komplexes Gebilde und damit ein Leben verbirgt.

Vermutlich hat fast jeder heute erwachsene Mensch in seiner Schulzeit Erfahrungen mit dem Sezieren im Biologieunterricht gemacht. Und fast jeder wird sich auch daran erinnern, dass es sich dabei um eine Art Ausnahmesituation für manche Mitschüler handelte. Normalerweise arbeitet man an Schulen ja überwiegend mit etwas, das nichts mit dem Leben zu tun hat, in dem man sich außerhalb des Schulgeländes bewegt. Da geht es um Grammatik, um Mathematik, um Vokabeln oder auch historische Ereignisse. Aber dann wird man im Biologieunterricht plötzlich mit einem Stück Natur konfrontiert. Mit Gewebe und mit Körpern. Eigentlich immer sorgt das bei den Schülern für eine gewisse Unruhe und Aufregung. Genau das aber ist es, was ich meine: Schüler kommen in diesen Momenten aus ihrem alltäglichen Verhalten heraus und zeigen mehr von sich, als ihnen bewusst ist.

Vieles davon lässt sich natürlich vorab erahnen, manches aber sagt uns tatsächlich viel über das, was sich tief in den jungen Menschen verbirgt. So gehört zur schulischen Tradition des Sezierens, dass sich in jeder Klasse einige Schüler finden, die ihren Ekel zeigen. Ebenfalls zu dieser Tradition zählt, dass damit Klischees bestätigt werden, weil es sich bei dieser Gruppe vornehmlich um Mädchen handelt. Die Jungen halten sich lieber zurück. Manche ekeln sich wirklich nicht, andere zeigen ihren Ekel nicht, weil sie vor den Mitschülern nicht als weich gelten wollen.

Zeigt aber doch einmal ein Junge, dass ihm vor der Aufgabe graut, ist das schon eine erste Lektion für das, worum es mir geht: In der Klasse ist jemand, der nicht der gängigen Norm entspricht, und der das auch zeigt – für den Lehrer ein erster Hinweis, dass hier vielleicht etwas mehr Aufmerksamkeit für den Einzelnen angebracht ist, da der durch sein Anderssein durchaus auch zu einem Mobbingopfer werden könnte.

Gerade bei den Mädchen zeigt die erste Reaktion heutzutage aber auch noch etwas anderes: Ob es sich um ein Kind aus einem Elternhaus handelt, das sich als etwas kompliziert für uns Lehrer erweisen kann. Ich persönlich kann jeden Menschen verstehen, der sich dazu entschieden hat, in seinem Leben kein Fleisch mehr zu essen. Das Verständnis bezieht sich in meinem Fall allerdings auf erwachsene Menschen. Das Problem mit manchen dieser erwachsenen Menschen besteht aber darin, dass sie ihren Kindern diese Wahlfreiheit im Grunde nicht mehr lassen. Immer häufiger erlebe ich Schülerinnen, die nicht einfach nur sagen, dass sie sich ekeln oder dass sie keine Tiere töten möchten – selbst wenn die schon tot sind. Sie sagen auch nicht, dass sie Vegetarier seien, sondern beharren darauf, dass sie vielmehr Veganer seien. Ich will keinem Schüler eine frühe Reife und eigene Meinung absprechen, aber das gehäufte Auftreten junger Veganer ist meiner Überzeugung nach auf Eltern zurückzuführen. Eltern, die aus Überzeugung gegen Tierversuche eintreten und die komplett auf tierische Produkte verzichten. Nur sind das häufig auch Eltern, die ihren Kindern nicht mehr die nötige Freiheit und die eigenen Entwicklungsmöglichkeiten lassen. Den Kindern wird von klein auf gesagt, dass die von den Erwachsenen vorgelebte Richtung die einzig wahre ist. Das finde ich zumindest bedenklich. Aber auch solche Informationen erhalten wir Lehrer vor allem in der Ausnahmesituation, die das Sezieren im Biologieunterricht für die Schüler darstellt.

Zugegeben, die bisherigen Beispiele halten sich in gewisser Weise noch im Rahmen. Wie wertvoll das Sezieren in Zusammenhang mit den Persönlichkeiten der Schüler ist, zeigen aber auch völlig andere Situationen.

Eines der geläufigsten Beispiele für das Sezieren an Schulen ist wohl der Regenwurm. Sicher kein Lebewesen, das bei Menschen sehr tiefe Emotionen hervorruft, aber eben ein Lebewesen. Auch wenn einige Schüler vollkommen andere Meinung sind. Ich habe erlebt, dass Schüler sich mit perverser Lust an die Arbeit an einem solchen Wurm gemacht haben. Da wurde auf den schmalen Wurm mit Vergnügen eingestochen, da wurde das Tier in schmale Scheiben zerschnitten und so weiter und so fort. Das alles hatte nichts mehr mit dem Sezieren zu tun, sondern war Ausdruck einer gewissen Lust an Grausamkeit. Solche Schüler werden womöglich nicht nur an einem Wurm bösartig handeln.

Noch bedenklicher sind die Fälle, die auch das Leben oder die Körper komplexerer Wesen nicht achten. Fische sind ein gutes Beispiel. Selbstverständlich weiß jeder Schüler, dass die zu sezierenden Fische im Unterricht schon tot sind. Doch die Herangehensweise der Einzelnen ist sehr unterschiedlich. Dem überwiegenden Teil der Kinder ist ein eher zurückhaltendes Vorgehen eigen, wenn es daran geht, mit der Präparierschere erste Schnitte zu machen. Doch es gibt auch die jungen Menschen, die mit freudiger Gewalt den Körper aufschlitzen. Ich erinnere mich an eine Klasse, in der das besonders häufig der Fall war. Diese Schüler fielen aber noch durch etwas anderes auf: Zum Ende des Unterrichtes spießten einige die Köpfe der Fisch auf Stifte oder Stöcke und spielten damit regelrecht Krieg. Da gab es keinerlei Achtung mehr davor, dass es sich um den Kopf eines Lebewesens handelte. Man schlug mit den Fischköpfen so lange gegeneinander, bis diese regelrecht zerfetzt waren. Für mich ist das ein Verhalten, das weit über den Biologieunterricht hinaus Auswirkungen hat. Meiner Meinung nach sind diese Schüler Menschen, die schon in gewissem Maße die Achtung vor dem Leben verloren haben, und die auch allgemein zu Gewalt neigen können. Was beim Umgang mit ihnen zu berücksichtigen ist. Damit meine ich nicht, dass solche Kinder automatisch auch Gewalt gegen ihre Mitschüler anwenden. Doch wer von diesem Verhalten weiß, das im Biologieunterricht gezeigt wurde, der kann mit diesem Wissen intensiver auf die Schüler einwirken und entsprechenden Tendenzen vielleicht noch entgegenwirken.

Daneben offenbart gerade das Sezieren aber noch ganz andere Abgründe junger Menschen, und zwar manchmal gerade bei den Schülern, von denen man gänzlich anderes erwartet hat. Das war bei mir der Fall, als es im Unterricht um die Präparation von Schweineherzen ging. Diese Arbeit interessierte einen Schüler besonders stark. Bei fast jeder Erläuterung meinerseits fragt er nach, wollte weitere Information über die Funktionen etwa der sogenannten Herzohren, stellte Fragen zu Herzkranzgefäßen, zu Lungenarterie oder Aorta. Als Lehrerin interpretierte ich das als einen besonderen Wissenshunger. Besagter Schüler galt ohnehin als einer derjenigen, die sich besonders bemühten und auch mit entsprechend guten Leistungen auffielen.

Daher dachte ich mir zunächst auch nichts dabei, als seine Fragen später in eine andere Richtung gingen. Da in zahllosen Krimis und Hollywoodfilmen gezeigt oder behauptet wird, dass Schüsse oder Stiche ins Herz ausnahmslos tödlich sind, wollte der Schüler mehr darüber wissen. Immer wieder fragte er, ob das denn wirklich stimme, oder ob es auch Verletzungen des Herzens gebe, an der ein Mensch nicht sofort sterbe, sondern vielmehr eher langsam. Zunächst hielt ich das für ein besonders intensives aber noch normales Interesse. Doch nach einer Weile wurde selbst mir etwas mulmig, weil ich irgendwie das Gefühl bekam, ich hätte einen vollkommen anderen Menschen vor mir als den Schüler, den ich sonst kannte.

In der Zeit nach diesen Vorkommnissen kam es zu Elterngesprächen, bei denen eine andere und sehr dunkle Seite des Schülers Thema war. Das wäre womöglich nicht ans Tageslicht gekommen, hätte der Schüler dieses andere Ich nicht während des Präparierens eines Schweineherzens so offen gezeigt.

Manchmal kann das Sezieren und Präparieren aber auch Folgen haben, mit denen wirklich niemand rechnet. Ich habe lange an einer Schule in Niedersachsen unterrichtet, unweit der Nordseeküste. Wer schon einmal an der Nordsee war, der weiß auch, dass dort häufig große Mengen Muscheln ans Ufer gespült werden, vorwiegend die sogenannten Miesmuscheln. Auch sie eignen sich hervorragend für den Biologieunterricht. Vor allem, weil man sehr schnell große Mengen zusammentragen kann. Wie ich es in einem Jahr wieder einmal tat. Eigentlich verlief alles wie gewohnt. Die Schüler arbeiteten mit den Muscheln – schließlich klingelte es, und der Unterricht war vorbei.

Nur war mir eine Kleinigkeit entgangen: Eine Schülerin hatte eine beträchtliche Menge an Unterrichtsmaterial – sprich: Muscheln – eingesammelt, sie in einer Plastiktüte verstaut und damit den Raum verlassen. Ohne mir das mitzuteilen und leider auch ohne, dass ich es bemerkte. Der Grund dafür: Das Kind aß leidenschaftlich gerne Muscheln. Also sollten auch die mitgenommenen Miesmuscheln auf den Tisch kommen. Wie sich später herausstellte, waren die Eltern mit dem gefassten Plan nicht einverstanden. Aus gutem Grund. Muscheln aus dem Meer können mit Schadstoffen belastet oder eventuell gar giftig sein. Also sagten sie der Tochter, dass die Muscheln nicht auf den Tisch kämen. Das Mädchen verstand das Problem, mochte sich aber noch nicht von der Tüte voller Muscheln trennen. Also verstaute sie ihre Beute in einer Abseite. Vermutlich mit dem Hintergedanken, dass sich die Meinung der Eltern ja noch ändern könnte. Das geschah nicht, und die Muscheln gerieten in Vergessenheit. Nur verhält es sich mit Muscheln wie mit Fisch oder Fleisch, die irgendwo vergessen werden: Sie werden schlecht und sie verwesen schließlich. Allerdings wird das recht spät bemerkt, wenn das Verwesen in einer zusammengeknüllten und luftdicht verschlossen Plastiktüte geschieht.

Erst nach mehr als einer Woche bemerkte ein Familienmitglied schließlich in der Abseite die Plastiktüte, deren Herkunft unbekannt war – die Episode mit den Muscheln hatte man längst vergessen. Was sich schlagartig änderte: Beim Öffnen der Tüte entwich eine recht grausiger Verwesungsgeruch, der sich noch lange in den Räumen hielt. Das erfuhr ich, als sich die Eltern mit mir in Verbindung setzten und fragten, was mir denn einfiele, das Kind mit einem ganzen Haufen Muscheln nach Hause zu schicken, ohne es vorher auf die Gesundheitsgefahren und auch die bald einsetzende Verwesung hinzuweisen. Zu meiner Erleichterung konnte ich recht schnell klarstellen, dass ich das Kind weder zur Mitnahme noch zum Essen der Muscheln angestiftet hatte.

Diese Episode hat natürlich wenig damit zu tun, dass wir Lehrer durch das Sezieren etwas über die Schüler lernen – mal abgesehen von gewissen Speisevorlieben. Sie beschreibt umgekehrt jedoch trefflich, dass die Schüler durchaus etwas lernen durch den Umgang mit realen Lebewesen. Sie lernen, dass auch ein Regenwurm mehr ist, als etwas, das sich auf dem Boden schlängelt, und dass sich unter der harten Schale einer Muschel ein vollständiger und lebensfähiger Organismus verbirgt. Auch wenn ich durchaus Vorbehalte gegen das Sezieren im Unterricht verstehen und in gewissem Maße nachvollziehen kann, halte ich das für eine wertvolle Erfahrung, die Reagenzgläser und auch modernste Computerprogramme nicht bieten können.

»Die Eizelle meiner Schulfreundin und das Sperma meines Chemielehrers.«

Wenn der Lehrer mit der Schülerin – und umgekehrt

Verena B., 30, Musiklehrerin an einer Oberschule in Niedersachsen

Schüler verknallt sich in Lehrerin, Lehrer macht sich an Schülerin heran – solche und ähnliche Geschichten gibt es, seit es Schule gibt. Viele dieser Geschichten sind nichts anderes als blühende Fantasie. Aber man muss auch zugeben, dass es immer wieder Fälle gibt, in denen die Realität den Mythos einholt. Harmlos sind meist die Schwärmereien weiblicher und männlicher Teenager für die Person des Lehrers. Im vergangenen Jahr beispielsweise hat eine Kollegin von einer Klasse, in der nur Jungs sind, zum Valentinstag einen Strauß Rosen geschenkt bekommen. Das muss man natürlich immer etwas kritisch sehen. Aber in diesem Fall kam das Geschenk von der ganzen Klasse und war damit sicher nicht als »Anmache« zu werten. Anders wäre es gewesen, hätte ein einzelner Schüler seiner angehimmelten Lehrerin eine Rose überreicht. Ebenso harmlos sind auch Situationen, in denen etwa Schülerinnen von ihrer Lehrerin Schminktipps bekommen wollen, nach der Sorte des Nagellacks fragen oder wo man denn diesen Lippenstift bekommt.

Auf der anderen Seite kommt es sehr selten vor, dass ein Lehrer offen seine Zuneigung zu einer Schülerin zeigt. Selten bedeutet aber wie gesagt nicht, dass so etwas nie vorkommt. Aus meiner Schulzeit kenne ich genauso einen Fall: Mein ehemaliger Chemielehrer ist inzwischen mit einer meiner früheren Klassenkameradinnen verheiratet. Der Altersunterschied der beiden beträgt neunzehn Jahre. Aber das Ganze hat erst nach der Schulzeit begonnen, betonen beide unermüdlich. Ich selber wurde auch immer wieder herangezogen, um genau das zu bezeugen. Ich war mit der Klassenkameradin damals sehr eng befreundet, und schon in der Schulzeit brodelte die Gerüchteküche. Aber ich kann die Hand dafür ins Feuer legen, dass die Beziehung erst richtig anfing, als meine Freundin ihr Studium begann. Wobei ich sagen muss, dass die Betonung auf *richtig* liegt. Natürlich wurde nicht nach dem Schulabschluss der Zuneigungs-Schalter umgeklappt. Gemocht haben die sich auch vorher schon sehr. Aber es blieb im gesetzlichen Rahmen – soweit ich weiß.

So etwas passiert, und ich bin weiter mit beiden befreundet. Allerdings muss ich eines gestehen: Wenn ich mal wieder die drei Kinder babysitten soll, die aus der Beziehung zwischen Lehrer und Schülerin hervorgegangen sind, gibt es Momente, in denen ich mir sage, dass das doch arg gewöhnungsbedürftig, ja, fast ein wenig eklig ist. Weil: Wenn man das mal rein biologisch sieht, sind diese Kinder die Kombination aus der Eizelle meiner Freundin und dem Sperma meines Chemielehrers.

Meine ehemalige Mitschülerin ist inzwischen übrigens auch Lehrerin, wie ihr Gatte für die Fächer Bio und Chemie. So etwas ist schon etwas grenzwertig. Aber man sagt ja nicht umsonst »wo die Liebe hinfällt«. Ich bin der letzte Mensch, der darüber die Nase rümpft – allen zeitweisen Unmutsanfällen zum Trotz. So eine Beziehung hat sicher nicht die optimale Ausgangslage, aber so lange etwas auf beiden Seiten freiwillig geschieht, ist es eben so, wie es ist. Die beiden sind jetzt seit elf Jahren zusammen, seit fünf Jahren verheiratet, die drei Schräge-Kombi-Kinder sind eigentlich recht süß und vor allem sind alle glücklich.

Es ist ja auch so, dass nach all den Jahren außerhalb des Heimatdorfes oder der früheren Schule kein Hahn mehr danach kräht, wie sich die beiden kennengelernt haben. Es ist wie beim Führerschein: Hauptsache man hat ihn, wie viele Fehler man in der Theorie hatte, ist vollkommen unwichtig.

»Dann hab ich denen meine Bücher in die Hand gedrückt und bin wortlos verschwunden.«

Unter einem Druck der ganz besonderen Art

Evelin B., 46, Sozialkundelehrerin an einer Grund- und Hauptschule in Bayern

Als Lehrer darf man den Schülern keine Schwächen zeigen. Nur gibt es Situationen, in denen es nicht mehr anders geht – und über die man auch sehr ungern spricht. Dass Lehrer ungern Schwäche zeigen, bedeutet in meinem Fall auch, dass ich mich so gut wie nie krank melde. Wenn es noch irgendwie geht, raffe ich mich auf und unterrichte meine Klassen. Was auch an einem Tag der Fall war, als es mir wirklich nicht gut ging. Ich fühlte mich matt und etwas neben der Spur. Die erste Stunde ging noch einigermaßen, nach der zweiten allerdings spürte ich, wie es im Bauch rumorte und wie sich ein unangenehmes Gefühl aufbaute, das wohl jeder kennt, der schon einmal den Begriff ›Montezumas Rache‹ gehört hat. Irgendwie hielt ich die Stunde noch durch, danach aber versuchte ich mit sprichwörtlich zusammengekniffenen Arschbacken zurück bis ins Lehrerzimmer zu kommen. Der Weg schien immer länger zu werden, die Bücher in meinen Armen immer schwerer. Überall liefen Schüler herum, und ich mochte mir gar nicht ausmalen, welche Folgen es hätte, wenn geschehen würde, was ich befürchtete. Für den Rest meiner Laufbahn wäre ich die Lachnummer der Schule: Das ist die, die damals mitten auf den Schulflur …

Mit letzter Kraft schleppte ich mich voran, doch das Lehrerzimmer schien auf einem anderen Kontinent zu liegen. Dann näherte ich mich den Schülertoiletten, was für meinen Körper wie ein Signal war. Ich wusste, was gleich geschehen würde. Also versuchte ich, so schnell zu laufen wie es ging. Vor den Toiletten hatten sich drei Mädchen versammelt, die sich unterhielten und lachten. Im Vorbeigehen drückte ich ihnen wortlos meine Bücher in die Arme und verschwand in der Toilette. In letzter Sekunde.

Wenige Minuten später fühlte ich mich wieder wie ein Mensch. Ich wusch mir Hände und Gesicht, als mir plötzlich wieder einfiel, dass ich ja eben den Schülerinnen meinen Stapel Bücher in die Hände gedrückt hatte, ohne jeden Kommentar. Was sollte ich denen jetzt sagen? Sorry, ich hab Durchfall? Sicher nicht, das hätte sich natürlich auch sofort herumgesprochen und wäre Basis für einige Tage Schüler-Amüsement. Also strich ich mein Kostüm glatt, ordnete die Haare und legte den Kopf in den Nacken. Dann ging ich zurück in den Flur, wo die Schülerinnen immer noch am selben Fleck standen. Ich lächelte ihnen zu, sagte ein paar Worte über die anstehenden Ferien, nahm meine Bücher und setzte festen Schrittes meinen Weg ins Lehrerzimmer fort. Ich bin mir sicher, dass die drei mich für etwas wunderlich hielten, aber niemand hat mir Fragen zu diesem Tag gestellt, der sprichwörtlich hätte in die Hose gehen können.

»Nachsitzen bringt gar nichts – gemacht wird es trotzdem.«

Warum eine nutzlose Praxis fortgeführt wird

Peter M., 43, Deutschlehrer an einem Gymnasium in Essen
Nachsitzen ist einer der großen Schulklassiker. Nachsitzen kennt jeder, nachgesessen haben Millionen. Und es wird im weiter nachgesessen – obwohl es erwiesenermaßen keinerlei positiven Effekt hat, was Eltern wirklich einmal erfahren sollten. Nach all den Jahrzehnten des Nachsitzens hat sich allerdings eine wahrhaft umwälzende Veränderung ergeben. Nachsitzen gibt es nicht mehr überall! Nein, das ist kein Widerspruch zu den vorherigen Zeilen. Es wird zwar weiter nachgesessen, nur werden Schüler heute in manchen Regionen nicht mehr zum Nachsitzen verurteilt, sondern zur Nacharbeit. Hört sich anders an, ist aber nichts anderes.

Das Nachsitzen ist immer noch eine gängige Praxis. An unserer Schule ist es so, dass immer am Freitag von 13.30 bis 15 Uhr nachgesessen wird. Das wird vorher angekündigt und muss von den Eltern unterschrieben werden. Ein Schüler muss dann nachsitzen beziehungsweise nacharbeiten, wenn er x-fach seine Hausaufgaben nicht gemacht hat oder im Unterricht permanent kein Material dabei hatte. In dieser Zeit kann aber auch eine Klausur nachgeschrieben werden, wenn ein Schüler sie verpasst hat. Im Verlauf eines Schuljahres macht im Prinzip jeder Lehrer einmal die Aufsicht.

Ich halte Nachsitzen für vollkommenen Unfug. Denn im Grunde sitzen die Schüler einfach nur ihre Zeit ab.

Man muss aber auch sagen, dass es manchmal wirklich harte Fälle gibt, bei denen das Nacharbeiten zumindest in Maßen Sinn macht. Ich habe im Moment einen Kandidaten, der bis zum Schuljahresende jeden Nachmittag nachsitzen muss. Der Gute hat in diesem Jahr noch kein einziges Mal Hausarbeiten gemacht, obwohl er auf Fünf steht. Der bekommt dann von mir immer einen Packen Übungsaufgaben mit in diese Nacharbeit. Die haben einen ähnlichen Übungsgehalt wie die eigentlichen Hausaufgaben, und die muss er an so einem Nachmittag auch durcharbeiten.

Ich korrigiere diese Aufgaben dann und spreche sie mit ihm durch – was natürlich für mich noch zusätzlich Mehrarbeit bedeutet. Wenn er trotzdem versucht, sich einen faulen Lenz zu machen, so nach dem Motto »Ich hab halt nicht mehr geschafft«, muss er die Aufgaben am Montag zu Hause durcharbeiten und am nächsten Tag bei mir abgeben. Ist nicht immer einfach, aber bei so einem Schüler gibt es kaum noch eine andere Möglichkeit, ihn den Stoff wirklich durcharbeiten zu lassen.

Wovon ich dagegen gar nichts halte, ist dieses unsinnige Vorhaben, dass man den Kandidaten beim Nachsitzen Texte gibt, die sie einfach nur abschreiben sollen. Dadurch lernen sie rein gar nichts – außerdem gibt es Kopierer, da brauche ich keine Kinder zum Abschreiben. Genau deswegen wurde ja aber auch der Begriff geändert von Nachsitzen in Nacharbeiten. Es soll nicht zur Strafe Zeit abgesessen werden, und diese Zeit soll auch nicht mit nutzlosen Tätigkeiten ausgefüllt werden. Es soll das, was im Unterricht versäumt wurde, nachgearbeitet werden – das Nacharbeiten soll also einen Übungscharakter haben.

Gerade bei dem angesprochenen Kandidaten gibt es sonst auch keine Möglichkeit, ihn das machen zu lassen, was er machen soll. Er ist eines von jenen Kindern, deren Eltern sich zwar eine ordentliche Schulbildung wünschen, die aber nur wenig dafür tun – weil sie es gar nicht tun können, ohne ihr Leben umzukrempeln. Beide Elternteile sind berufstätig und daher erst gegen Abend wieder im Haus. Der Junge ist tagsüber allein und sich selbst über-lassen. Da ist niemand, der ihn dazu auffordert, die Hausaufgaben endlich mal zu machen und auch darauf achtet, dass das wirklich geschieht. Abends schaffen es die Eltern dann nicht, noch einmal zu überprüfen, was der Junge am Tag für die Schule gemacht hat. In diesem Fall ist das Nachsitzen also nicht nur ein Mittel, dem Schüler doch noch auf die Sprünge zu helfen, es ist auch ein Ver-such, die Versäumnisse überforderter Eltern aufzuholen.

Denn die haben nicht nur zu wenig hingeschaut, was vor sich geht. Sie haben sich auch immer wieder von ihrem Goldkind Lü-gen auftischen lassen. Bei einem Elterngespräch sagte der Vater völlig verwundert, dass er gar nicht verstehe, worum es eigentlich gehe. Der Sohn habe doch immer wieder berichtet, dass er gar keine Hausaufgaben aufbekommen habe. Und das über Wochen. Ich habe dem Mann erst einmal erklären müssen, dass so etwas gerade in einem Hauptfach ein Ding der Unmöglichkeit ist, und dass er schlicht und einfach zu gutgläubig war. Oder zu faul, sich einmal wirklich um die schulische Laufbahn des Kindes zu küm-mern – was ich allerdings nur dachte und nicht laut sagte.

In diesem speziellen Fall ist also Nachsitzen wirklich nicht schlecht. Weil ich weiß, dass der Schüler da tatsächlich anderthalb Stunden festsitzt und an den Aufgaben arbeiten muss. Das tut ihm bestimmt auch mehr weh als tausend Mitteilungen an die Eltern, die der dann von A nach B und von B wieder zurück nach A trägt. Aber so etwas ist bisher die Ausnahme, in der Regel hat Nachsit-zen auch dann keinen nennenswerten Effekt, wenn es Nacharbeit genannt wird.

»Auch Luxus kann Verwahrlosung bedeuten.«

Grade der Verwahrlosung von Schülern

Gisbert T., 44, Erdkundelehrer an einem Gymnasium in Hessen

Dass Eltern ihre Kinder regelrecht verwahrlosen lassen, ist leider nicht mehr die große Ausnahme. Allerdings ist Verwahrlosung nicht gleich Verwahrlosung. Meist wird in dem Zusammenhang über Problemfamilien am Rande der Gesellschaft gesprochen. Es gibt aber auch etwas, das wir Luxus-Verwahrlosung nennen.

Die hohen Leistungsanforderungen unserer Zeit führen dazu, dass häufig beide Elternteile arbeiten und dass sie sehr viel Engagement in ihre Karrieren stecken. Sie verbringen immer mehr Zeit in ihrem Job und immer weniger Zeit mit ihren Kindern. Das lässt sich mit früheren Jahrzehnten kaum noch vergleichen. Meine Eltern waren auch beide berufstätig, und in meinem Freundeskreis war es ähnlich – nur nahmen sich diese Eltern eben auch Zeit für ihre Kinder. Was heute häufig nicht mehr der Fall ist.

Da schaut abends niemand mehr, ob die Hausaufgaben gemacht und die Schultasche gepackt ist. Mein Eindruck ist, dass die Elternschaft heute vielfach anders wahrgenommen wird, als es noch in der letzten Elterngeneration der Fall war. Oft habe ich das Gefühl, die Menschen sagen sich, okay, wir haben jetzt ein Kind, aber das Leben soll so weitergehen, wie es vorher war. Vergessen wird der Umstand, dass man für dieses Kind verantwortlich ist, bis es achtzehn ist. Das bedeutet auch, dass man selbst etwas zurückstecken muss. Da kann man dann eben nicht am Wochenende feiern gehen oder sich nach der Arbeit mit der Tiefkühlpizza vor den Fernseher klatschen. Stattdessen muss man auch mal Zeit mit dem Kind verbringen, man muss dem Kind etwas kochen, statt am Smartphone zu spielen.

Es geht ja so weit, dass manche junge Eltern das Kind im Grunde wie ein Statussymbol ansehen. Ein Kind gehört dazu, so etwas muss man einfach haben. Dumm nur, dass so ein Kind nicht nur zum Vorzeigen da ist, sondern auch Ansprüche und Bedürfnisse hat. Was einige Menschen und gerade Eltern durchaus zu überraschen scheint. Vor allem scheint mir das immer mehr Mode zu werden. Was ich sehr schlimm finde, da das auf dem Rücken der Kinder ausgetragen wird.

Gerade bei beruflich erfolgreichen Eltern kann das zu dem Zustand führen, der mit Luxus-Verwahrlosung gemeint ist. Deren Kinder bekommen alles, wirklich alles – jedenfalls, wenn man es kaufen kann. Das ist aber nicht Ausdruck einer Eltern-Kind-Liebe, die Geschenke dienen vor allem dazu, das Kind ruhigzustellen.

Ich stehe in diesem Schuljahr täglich vor so einem Fall, ganz schlimm. Ein Junge in der fünften Klasse, dessen Familie es finanziell an nichts mangelt. Die als obere Mittelschicht zu beschreiben, wäre noch untertrieben. Neureich ist sicher passender. Vater und Mutter sind in sehr angesehenen Berufen aktiv, man fährt Porsche oder BMW, und im Urlaub ist die Karibik das Mindeste. Das Kind allerdings wird wie eines der übrigen Besitztümer behandelt. Der Junge ist ein Schlüsselkind und ist – wie die Autos und Villa – mit allem ausgestattet, das gut und teuer ist. In der Klasse sind die anderen Schüler immer wieder neidisch auf ihn: Die neueste Playstation? Klar, und dazu natürlich als zweite Spielekonsole noch eine Xbox. Alle neuen Spiele liegen kurz nach dem Erscheinen im Kinderzimmer. Auch allen anderen aktuellen technischen Schnickschnack bekommt der Junge geschenkt, sobald er auf dem Markt ist. Selbstverständlich immer nur das Beste vom Besten: Wer wissen will, wie das neueste und teuerste iPhone aussieht, braucht nur diesen Jungen zu fragen, er trägt es bei sich.

Die Eltern sind allem Anschein nach der Meinung, man kann verlorene Zeit dadurch kompensieren, dass man dem Kind alles gibt, was sich kaufen lässt. Eine Umarmung, ein Gespräch oder gemeinsame Unternehmungen sind dann ja nicht mehr nötig. So kam es, wie es kommen musste. Das Kind wurde massiv verhaltensauffällig, und das ist es immer noch. In der Schule will dieses Kind immer das letzte Wort haben, sagt ein anderer etwas, setzt der Junge immer noch einen drauf. Und er versucht sich auch als Klassenclown, weil er sich einfach nach der Aufmerksamkeit anderer sehnt – jener menschlichen Aufmerksamkeit, die seine Eltern ihm nie gegeben haben. Natürlich ist ihm selbst das mit seinen elf Jahren nicht bewusst. Er ist noch nicht so reif, dass er vielleicht denkt, seine Eltern würden ihn eigentlich nur kaufen. Für ihn ist das alles ja vollkommen normal. So wenig seine Eltern über ihr Kind als Mensch nachdenken, so wenig merkt der Junge, wie ungewöhnlich und häufig auch unpassend sein eigenes Verhalten ist. Vielleicht merkt er in seinem Inneren schon, dass ihm irgendetwas fehlt, aber er kann es nicht ausdrücken. Natürlich versucht man in so einem Fall, Kontakt zu den Eltern aufzunehmen, um mit ihnen über die Probleme zu sprechen. Ich habe mir regelrecht die Finger wund telefoniert, bis ich überhaupt einmal ein Elternteil erreicht habe. Immer wieder hieß es, man sei gerade in einem Meeting oder man stehe am Flughafen und checke gerade ein. Irgendwas war immer. Als dann doch noch ein Gespräch zustande kam, war das wenig ergiebig. Die Eltern konnten überhaupt nicht verstehen, was das eigentlich soll: Ihr Kind bekomme schließlich alles, was es brauche. Die fühlten sich regelrecht auf die Zehen getreten und zeigten sich als sehr festgefahren in ihrer Position. In Grenzen muss man das sogar verstehen: Niemand gibt schließlich gern zu, dass er nicht fähig ist, seinem Kind das zu geben, was es eigentlich bräuchte. Mit der Folge, dass sich am Verhalten der Eltern und dem, was sie als Erziehung ansehen, nichts geändert hat. Als Lehrer kann man in solchen Fällen auch nicht sehr viel mehr machen. Man kann das Gespräch suchen, aber man kann nicht mit der Faust auf den Tisch hauen und sagen, dass es so nicht weitergeht. Selbst bei einem ganz normalen Gespräch heißt es schnell, man würde sich zu weit aus dem Fenster lehnen. Die Hände sind einem Lehrer schon stark gebunden. Vor allem kommt es auch schnell dazu, dass die Elternseite sozusagen zurückfeuert und dabei den Lehrer im Visier hat. Das hat oft mehr Auswirkungen auf den Lehrer, als dessen Bemühungen Auswirkungen auf die Eltern zeigen.

An den Schulen haben wir diese Fälle immer wieder. Aber diese Luxus-Verwahrlosung ist nur eine Art der Verwahrlosung. Es gibt noch zahllose weitere Möglichkeiten, wie sich die Vernachlässigung durch die Eltern zeigen kann und zeigt. Das fängt schon an beim Pausenbrot. Selbst mit sechzehn hat mich meine Mutter nicht ohne Frühstück und nicht ohne vernünftiges Pausenbrot aus dem Haus gelassen. Ich habe es dann in dem Alter zwar selber machen müssen, aber es war immer jemand da, der überprüfte, ob ich es auch tatsächlich bei mir hatte. Heute bekommen die Kinder entweder gar nichts mit oder sie bekommen einen Geldschein in die Hand gedrückt, vielleicht dazu noch eine Flasche Cola. Da frage ich mich: Eure Pflanzen gießt ihr mit Wasser, damit sie gut gedeihen, aber euren Kindern gebt ihr Cola? Auf der anderen Seite stellen die Eltern die Kinder dann ruhig mit Ritalin und schleppen sie zum Psychologen, wenn sie mal nicht so funktionieren, wie sie sollen.

»Nach der Grundschule können die gar kein klares Wort schreiben.«

Das Smartphone ist im Unterricht angekommen – die Rechtschreibung nicht immer

Amon T., 37, Englischlehrer an einer Realschule plus in Rheinland-Pfalz

Das Smartphone ist ein Segen für die Schule – und es ist ein Fluch für die Schule. Diese beiden unterschiedlichen Seiten sind in einem Satz vereint, der ohne das Smartphone wohl nie von einer Schülerin geschrieben worden wäre: »Are they Schuld with their Bang Bang and their Sickies?«

Grundsätzlich ist Elektronik gut, und sie ist aus dem Leben der Schüler nicht mehr wegzudenken. Aber nicht alles ist gut daran. Was schon sehr auffällt, ist die Tatsache, dass Rechtschreibung und Grammatik schlechter geworden sind. Gerade bei den Kleinen, die frisch von der Grundschule kommen, ist die Rechtschreibung wirklich massiv schlechter, als man es früher gewohnt war. Die können häufig gar kein gerades Wort mehr schreiben. Weil die halt untereinander häufig auch überwiegend mit Abkürzungen kommunizieren. Manchmal würde ich mir schon den Drill vergangener Zeiten auf Rechtschreibung und auch schöne Schrift zurückwünschen

Trotzdem finde ich es völlig falsch, wenn man als Lehrer alles Neue immer verbietet oder unterdrückt. Man kann das Neue vielmehr auch selber nutzen. Die Smartphones gibt es nun mal, und jedes Kind besitzt eines, also kann man genau das auch in den Unterricht einbauen. Zum Vorteil aller. Die Schüler können etwas benutzen, das sie auch gern benutzen. Und wenn man es geschickt macht, profitiert auch der Lehrer davon, weil die Schüler mit Interesse bei der Sache sind.

Ich selber nutze Internet, Smartphone und Computer im Unterricht sehr viel. Das fängt für mich als Sprachlehrer schon damit an, dass ich den Schülern erst einmal eintrichtere, dass der Google-Übersetzer eben kein Übersetzer ist. Ich sage ihnen aber auch, dass es da durchaus Apps gibt, die man als Download-Dictionary sehr gut nutzen kann. Dann mache ich halt mal eine Unterrichtsstunde, in der es um die Benutzung des App-Dictionary geht. Dazu bereite ich ein Arbeitsblatt vor und wir machen eine Art Wettbewerb, wer am schnellsten alle Worte darauf und deren Bedeutung im Dictionary findet.

Ich habe auch einen Blog für meine Schüler eingerichtet. Auf dem habe ich unter anderem YouTube-Videos verlinkt, die für die Hausaufgaben wichtig sind. Gerade steht in der achten Klasse das Thema amerikanische Geschichte auf dem Plan, das bei jugendlichen Deutschen nun nicht gerade Begeisterungsstürme auslöst. Aber es gibt auf YouTube auch sehr interessante und lustige Videos zu dem Thema. Also habe ich meinen Schülern QR-Codes gegeben, die sie scannen konnten, verbunden mit der Aufforderung, sich ein bestimmtes Video anzuschauen. Dazu gab es dann noch ein digitales Arbeitsblatt zur Bearbeitung als Hausaufgabe. Jeder Schüler muss bis zu einer bestimmten Uhrzeit etwas auf dem Blog posten, das ich mir ausdrucke und bewerte.

Solche Aufgaben könnte ich natürlich auch klassisch mit Texten und ganz normalen Arbeitsbildern machen. Aber so sind die Aufgaben mit etwas verbunden, das die Schüler gerne nutzen – Internet, Computer und Handy eben. Meiner Erfahrung nach hilft diese Vorgehensweise wirklich. Auch die Schüler, die sonst konstant ihre Hausaufgaben vergessen oder sie schlicht nicht machen,

machen sie dann doch, weil sie Spaß daran haben, und weil sie merken, dass sich die Aufgaben tatsächlich recht schnell erledigen lassen, wenn sie nicht mit einem Widerwillen an die Sache herangehen. Das macht den Schülern das Leben leichter – und es macht mir das Leben leichter. Ganz zu schweigen davon, dass sich auf diese Weise auch Unmengen an Papier sparen lassen.

Auf der anderen Seite benutzen wir Lehrer natürlich auch selbst unsere Smartphones, und wir kommunizieren auch untereinander darüber. In meinem jetzigen Kollegium sind wir Lehrer ohnehin recht eng miteinander verbunden. Wir verlassen daher nicht um 13 Uhr fluchtartig die Schule, und wir unterhalten uns auch tagsüber immer mal wieder – häufig via Smartphone, während wir zum Beispiel am Schreibtisch sitzen und Aufgaben korrigieren. Ein Kollege von mir unterrichtet die gleichen Klassenstufen wie ich, und da hat es sich eingebürgert, dass wir uns beim Korrigieren von Aufgaben und Klausuren die schrägsten oder komischsten Passagen per WhatsApp gegenseitig per Sprachnachricht vorlesen. Da hatte ich dann eines Tages eine Mediation zu korrigieren – also ein sinngemäßes Übersetzen im Sprachunterricht. Texte werden ja nicht nur wörtlich aus einer Sprache übertragen, sondern eben auch sinngemäß. In diesem Fall ging es um ein Interview mit einem Politiker, der gefragt wurde, ob im Irak durch Soldaten Krankheiten eingeschleppt wurden, die Schuld am Tod von Menschen sind, oder ob diese Menschen doch durch Waffengewalt ums Leben gekommen sind. Eine der Neuntklässlerinnen allerdings wusste weder, was Waffen auf Englisch heißt, noch kannte sie das Wort für Krankheiten – und irgendwie kam sie auch mit der Dictionary-App an dem Tag nicht recht voran. Nun hätte sie im Rahmen der sinngemäßen Übersetzung tausend Möglichkeiten gehabt, das Thema irgendwie zu umschreiben und ihm so einen entsprechenden Sinn zu geben. Sie allerdings griff zu einer ganz eigenen Variante des sinngemäßen Übersetzens. Das Ergebnis lautete: »Are they Schuld with their Bang Bang and their Sickies?« *Bang Bang* dehnt die sinngemäße Übersetzung für *weapons* ein klein wenig zu weit, immerhin erinnert *Sickies* noch ein wenig an die *sicknesses*, mit denen die Schülerin den Begriff Krankheiten wohl übersetzen wollte.

Den Satz habe ich natürlich laut lachend als Sprachnachricht an meinen Kollegen geschickt und bekam wenig später die Antwort. Der Kollege fand die Übersetzung so schön, dass er daraus ein Lied gemacht hatte: »Bang, bang, bang and the Sickies«, das er mir über das Smartphone vorsang. Wir haben dieses Kleinod der Popmusik dann sogar gemeinsam eingeübt und es der Schülerin vorgesungen. Das kann man mit einigen der größeren Schüler schon mal machen, wenn man sie einigermaßen kennt. Wir wollten das Mädchen ja nicht zum Heulen bringen, sondern ihr zeigen, dass wir die sehr freie Übersetzung recht lustig fanden. Sie hat das auch verstanden und musste ebenfalls lachen. Sie meinte, sie habe sich einfach an das gehalten, was ich den Schülern immer sage: Wenn man etwas nicht wirklich weiß, ist es immer noch besser, irgendwas als gar nichts hinzuschreiben – weil sie aus einem unerfindlichen Grund gerade einen uralten Song von Nancy Sinatra im Ohr hatte, habe sie eben das »Bang Bang« genommen, das die in dem Lied immer sang. Gut gelöst, leider trotzdem keinen Punkt gekommen – aber vielen Dank für das Entertainment. Und einen Lerneffekt hatte es außerdem: Die Schülerin wird sicher nie wieder vergessen, dass Waffen im Englischen *weapons* und keine *Bang Bangs* sind.

»Ich sage: Lasst sie saufen, lasst sie kiffen, lasst sie kotzen.«

Schüler brauchen keine Watteverpackung, die müssen leben lernen

Dirk F., 52, Deutschlehrer an einem Gymnasium in Stuttgart
Wenn ich offen sagen würde, was ich wirklich denke und wie ich handle, wäre ich meine Arbeit los, Eltern würden mich vom Schulhof prügeln – und das wäre erst der Anfang meiner Probleme. Aber ich finde es einfach schrecklich, was heute von den Schülern erwartet wird. Sie müssen funktionieren, sie müssen Leistung erbringen, sie müssen eigentlich schon jetzt die Menschen sein, die man später im Berufsleben erwartet. Das Ausleben und Entwickeln der eigenen Persönlichkeit kommt dabei zu kurz, der Individualität wird kaum Raum gelassen. Bricht dann doch einmal ein Jugendlicher aus diesem Korsett aus, müssen sich Lehrer und vor allem Eltern anhören, dass sie vollkommen versagt haben. Was ich für ausgemachten Schwachsinn halte.

Jugendliche brauchen die Möglichkeit auszubrechen, sie müssen Dinge ausprobieren, um zu verstehen, was gut und was nicht gut für sie ist. Daher halte ich es auch nicht für eine unglaubliche Katastrophe, wenn auf einer Klassenfahrt Alkohol probiert wird, und wenn jemand mal eine Zigarette raucht, stürme ich auch nicht auf ihn zu und halte ihm einen ellenlangen Vortrag. Denn: Genau solches Verhalten ist normal für einen Jugendlichen – nicht normal ist dagegen, was man inzwischen von ihnen erwartet.

Ich weiß, wovon ich rede, denn ich selbst war genau so ein Schüler. Für meine Lehrer war ich ein hoffnungsloser Fall, und auch meine Eltern fürchteten um meine Zukunft. Mir ist klar, dass »meine Zeit« eine andere war, aber auch damals waren Jugendliche eben Jugendliche. Und Jugendliche haben immer auch ihre Jugendkultur. Meine war diejenige, die Erwachsene mit am stärksten verstörte: der Punk.

Als ich zum ersten Mal die Sex Pistols hörte, war es um mich geschehen. Das war eine Musik, die so gar nichts Aufpoliertes an sich hatte und die weit weg war vom Mainstream jener Tage. Statt »Mamma Mia« von Abba hörte ich »Anarchy in the U.K.«, und später dann statt »Y.M.C.A.« von den Village People eben »London Calling« von The Clash.

Aber für mich war Punk nicht nur Musik, es war ein Lebensgefühl. Man nahm die Worte »no future« aus dem Pistols-Song »God save the Queen« sehr ernst und lebte nach der Devise »live fast, die young« – so wie es Sid Vicious getan hatte. Der Bassist der Sex Pistols starb mit nur zweiundzwanzig Jahren an einer Überdosis, wenige Monate nachdem er völlig weggetreten neben seiner erstochenen Freundin aufgefunden wurde.

Ich wollte aller Welt zeigen, dass ich einer von denen bin – ein Punk. Also schnitt ich meine Haare so, wie sie Sid trug, färbte sie Rot und Grün. Intakte Jeans wurden selbstverständlich mit Rissen und Löchern versehen, die Lederjacke mit Autolack aus der Dose besprüht. Nie werde ich den Moment vergessen, als ich so ausstaffiert zum ersten Mal meinem Vater begegnete. Der mähte gerade den Rasen, bekam einen hochroten Kopf und einen Tobsuchtsanfall, der darin mündete, dass ich ein leerstehendes Zimmer im Haus meiner Großeltern bezog. Die zeigten sich deutlich gnädiger, aber sie verlangten als Gegenleistung für Unterkunft und Verpflegung, dass ich regelmäßig die Schule besuchte. Was für mich völlig in Ordnung war – denn auch dort grassierte die Punkwelle, fast alle meine Schulfreunde waren ebenfalls dabei.

Natürlich muss ein echter Punk sich auch benehmen, wie man es von einem Punk erwartet. Wir waren die, die mit dem Bier in der Hand nachmittags vor dem Hauptbahnhof herumlungerten, Passanten mit üblen Beleidigungen begrüßten und schlichtweg alles taten, von dem wir glaubten, dass so ein Punk es eben tut.

Ein Punk legt im Unterricht die Füße auf den Tisch, er spuckt gerne mal aus dem Fenster, schmiert auf jede freie Fläche »No Future« und regiert auf jede Ansprache durch den Lehrer schon aus Prinzip mit einem dummen Spruch. Natürlich macht ein Punk seine Hausaufgaben nicht, und lernen für eine Klausur ist auch nicht drin – lieber redet er mit den anderen Punks über die Band, die man gemeinsam gründet, die Songs die man spielen will. Aber natürlich wird man sich niemals die Mühe geben, für die Karriere dieser Band irgendetwas zu tun. Stattdessen wurde geraucht, es wurde gesoffen, und es wurde auch gekotzt.

An eine Zukunft in einem normalen Beruf hat ohnehin niemand einen Gedanken verschwendet. Wie der Vater den ganzen Tag in einem Büro hocken und vermutlich vollkommen sinnlose Dinge machen – kommt nicht in Frage. Karriere machen, nur um möglichst viel Geld zu verdienen, sich eine Doppelhaushälfte zulegen und einmal im Jahr nach Mallorca fahren? Niemals, so etwas tun Spießer, Punks tun es nicht.

Ich gebe es gerne zu: Ich war das Grauen. Mich hätte ich nicht gerne als Schüler gehabt, mit mir wäre auch ich wohl sehr schwer ausgekommen. Der wichtigste Punkt aber ist der: Ich war ein Teenager, ich habe meine Grenzen ausgetestet und sie sicher auch überschritten. Gleichzeitig war ich aber immer auch der Mensch hinter dem Punk, der in einem Teil seines Kopfes eine Portion Vernunft geparkt hatte, die verhinderte, dass ich es maßlos übertrieb. Auch wenn ich die spießige Erwachsenenwelt verachtete, gab es immer doch jemanden, der auf mich einwirkte und dessen Argumente bei mir ankamen.

Ich habe mein Abitur gemacht, nicht mit glänzenden Noten, aber immerhin. Ich habe studiert, und ich bin seit vielen Jahren Lehrer. Auch aus dem Kreis meiner damaligen Schulfreunde ist niemand so abgerutscht, dass er heute noch mit zerrissenen Klamotten auf Punk macht und in der Fußgängerzone um Geld bettelt. Auch sie haben ihr Abitur geschafft, die meisten haben studiert und sind erfolgreich in ihrem Job. Sie haben Familie, sie haben Kinder, sie sind ein ganz normaler Teil der Gesellschaft. Manchmal holen diese Leute noch mal die alte *London Calling*-LP aus dem Plattenschrank oder sie laden die Musik von damals ganz bequem auf ihr iPhone. An die alten Zeiten denken sie gerne zurück, aber keiner würde auf die Idee kommen, sie wiederbeleben zu wollen – weil wir diese Jugend eben schon gelebt haben.

Genau das ist der Grund, warum ich sage: Lasst sie rauchen, lasst sie saufen, lasst sie kotzen. Ich will damit keinesfalls den Drogenkonsum schönreden. Es geht darum, den Jugendlichen wieder etwas mehr Jugend zu erlauben. Vor allem jenen Jugendlichen, die aus den erwähnten guten Elternhäusern kommen. Gerade dort hat sich eine Entwicklung durchgesetzt, die ich als Lehrer eigentlich begrüßen müsste. Von klein an erfahren die Kinder, dass in dieser Welt nur noch die Leistung zählt. Das könnte ein Kind natürlich zum Ausbrechen oder zur Leistungsverweigerung veranlassen. So wie es früher oft die Regel war. Nur wenn man damals als Kind oder Jugendlicher zum Beispiel »No Future« sagte, fand sich immer jemand, der das cool fand und der ähnlich getaktet war. Inzwischen aber finden es Kinder nicht mehr cool, wenn einer keinen Bock mehr auf Leistung hat. Denn Leistung ist auch bei Kindern das, worum es im Leben zu gehen hat.

Was dann auf den Lehrer überspringt. Nicht weil er es gutheißt, sondern weil er es muss. Der Lehrer von einst war häufig noch aus der Generation, die sich hinstellte und jedes Jahr den gleichen Stoff in gleicher Art und Weise herunterbetete. Kontakt zu Eltern gab es kaum. War damals eine Vier noch irgendwie okay und eine Drei manchmal sogar ein Grund zum Freuen, so sind diese Noten heute regelrechte Katastrophen. Eltern wollen Zweien, besser noch einfach nur durchweg Einsen – oder später 14, besser 15 Punkte. Gelingt das nicht, dann wird nicht nur das Kind, sondern immer häufiger auch der Lehrer dafür verantwortlich gemacht.

Bei den Kindern wiederum hat sich die Leistungsverweigerung gerade in den besseren Kreisen ins Gegenteil verwandelt. Cool ist nicht mehr, wer sich im Klassenraum auf seinem Platz fläzt und dort die Zeit absitzt. Cool ist, wer die besten Noten hat. Das Problem daran: Nicht alle Kinder sind gleich intelligent, nicht alle können immer die gleiche Leistung zeigen. Sie müssen es aber, weil die Eltern es so wollen, und weil die anderen es ja auch schaffen. Die Folge ist, dass gerade die schlechteren Schüler gar nicht mehr aus dem Dasein als Schüler herauskommen. Sie lernen bis zur Erschöpfung.

Bei den besseren Schülern ist es aber ähnlich. Hier geht es zwar nicht darum, auf Biegen und Brechen den Anschluss zu halten. Es geht vielmehr um einen regelrechten Wettbewerb, in dem jeder der Sieger mit der besseren Note sein will, für die dann intensiv gebüffelt wird. Das endet schon mal beim Kinderpsychologen.

Für unsere Gesellschaft ist das natürlich perfekt: Wir ziehen Menschen auf, die Leistung verinnerlicht haben. Aber ist das wirklich perfekt? Ich frage mich immer, was aus diesen Schülern einmal werden soll, die nichts anderes gelernt haben, als dass sie perfekt funktionieren müssen, und immer Höchstleistung abliefern. Meine Befürchtung ist die, dass wir künftig mit ganz neuen Problemen umzugehen lernen müssen. Früher hieß es: »Diese Jugend!«. Heißt es in Zukunft vielleicht: »Diese Vierzigjährigen!«?

Ich denke, wir Menschen sind so gestrickt, dass wir unsere Möglichkeiten ausloten wollen. Was wir traditionell während der Pubertät oder der Jugend tun. Nur wenn uns diese Möglichkeit genommen wird, ist es dann nicht naheliegend, dass wir dies später tun? Und ist es nicht wesentlich gefährlicher, wenn etwa ein Banker nach Jahren des Funktionierens einmal testet, wie weit er gehen, und was er mit dem Geld so alles machen kann, das seine Kunden ihm anvertrauten?

Die Schule und die Menschen von heute haben ein System geschaffen, in dem sich alle immer nur übertreffen wollen. Eltern wollen mit ihren Kindern die Kinder der anderen übertreffen, Kinder wollen sich gegenseitig übertreffen, und der Lehrer muss natürlich immer der beste der Welt sein. Ich wünsche mir, dass die Eltern all dieser auf Leistung gedrillten Kinder sich einmal zurückbesinnen. Viele werden sich daran erinnern, dass sie selber nie die Kinder waren, die ihre Kinder nun sein sollen. Trotzdem ist etwas aus ihnen geworden – vielfach sogar sehr viel mehr, als sie jemals erwartet haben. Und das, obwohl sie gelegentlich mal einen über den Durst getrunken haben, bis ihnen schlecht war.

Natürlich hat sich in der Zwischenzeit die Welt sehr verändert. Nicht zuletzt durch die neuen Technologien, die in immer kürzeren Abständen auf uns einprasseln. In den Achtzigerjahren beschränkte sich der technische Fortschritt für die Jugend auf Musikkassette, Walkman und Videorekorder. In den vergangenen zehn Jahren erlebten Schüler dagegen nicht nur den Aufstieg sozialer Netzwerke, sie konnten auch schon erleben, wie diese einem steten Wandel unterzogen waren – SchülerVZ war das große Ding, dann verschwand es und überließ Facebook das Feld. Kommunizierte man gestern noch via ICQ im Internet, sind heute die WhatsApp-Gruppen das Ding der Zeit. Freute man sich eben noch über den iPod, muss man sich nun fast schon für die altmodische Technik entschuldigen.

Das alles ist natürlich sehr aufregend und interessiert Kinder und Jugendliche. Nur ist es ein Fehler, wenn wir diese Schüler auf ihre Liebe zu Technik und elektronischen Kommunikationsmöglichkeiten beschränken. Diese Kinder sind Menschen, und Menschen ändern sich nicht innerhalb von ein paar Jahren oder Jahrzehnten grundsätzlich. Sie sind die, die sie schon immer waren, und auch ihre Entwicklung verläuft immer noch ähnlich – schließlich gibt es keinerlei Hinweis darauf, dass die technischen Möglichkeiten unsere eigenen Fähigkeiten verbessert oder verändert hätten. Also kann Technik einen jungen Menschen auch nur sehr, sehr begrenzt bei der Suche nach seinem individuellen Ich unterstützen.

Daher wünsche ich mir Eines: Dass einige Eltern sich einmal so weit entspannen, dass sich auch ihre Kinder wieder entspannen können. Mancher wird es als ein Unding empfinden, aber meiner Meinung nach kann sich auch heute noch ein Schüler durchaus mal eine Drei erlauben, nur darf es nicht so sein, dass er für diese Drei dann zur Rechenschaft gezogen wird.

Schule ist sehr wichtig, aber das Leben ist nicht nur Schule. Selbst wenn Menschen in ein paar Jahren während der Arbeit überwiegend gar nicht mehr räumlich beieinandersitzen, ist auch dann immer noch eine gewisse soziale Kompetenz notwendig. Und die lernt niemand, während er für die nächste Klausur büffelt. Die gibt es aber gratis und ohne negative Folgen, wenn dem Kind die Möglichkeit zu dem Leben gelassen wird, das ein Kind automatisch lebt, wenn man es lässt. Mit allen Vor- und Nachteilen. Auch wenn ich mich wiederhole: Es gehört dazu, dass ein Mensch in jungen Jahren Fehler macht und aus diesen lernt. Zigaretten sind schlecht, Alkohol ist auch nicht gut – darüber gibt es wenig zu diskutieren. Nur wird sich kein Jugendlicher vom Rauchen abhalten lassen, wenn ihm immer nur davon erzählt wird. Er wird es aber lassen, wenn er einmal in seinem Leben an einer Zigarette gezogen hat und sich vor Husten kaum noch aufrecht halten konnte. Andererseits wird aus keinem Jugendlichen automatisch ein lebenslanger Alkoholiker, wenn er bei einer Feier etwas zu sehr zugelangt hat. Fast jeder Mensch hat diese Momente erlebt, und viele sind nach dem ersten Besäufnis zu überzeugten Antialkoholikern geworden – oder sie wissen zumindest, dass viel Alkohol äußerst üble Folgen nach sich zieht. Einmal dicker Kopf ist sicher besser als viele Monate Behandlung wegen psychischer Probleme, an denen inzwischen nicht wenige Kinder leiden – vor allem in den letzten vier bis fünf Jahren haben solche Fälle massiv zugenommen. Da ist mir wirklich jemand lieber, der vor mir steht und ein halbes Jahr hohle Phrasen wie »No Future« von sich gibt, bevor er diese Phase seiner Jugend beendet – weil echte Erfahrungen gemacht und vor allem weil sie zugelassen wurden.

»Schüler sind Ehrenmänner, Lehrerinnen sind deutsche Schlampen.«

Warum Integration manchmal doch nur ein Wort ist

Sven O., 48, Mathematiklehrer an einer Hauptschule in Nordrhein-Westfalen

Ich habe mir mal überlegt, was in einem Zeugnis stehen würde, das man mir ausstellt. Vermutlich würde da als Randnotiz stehen: »Er hat sich stets sehr bemüht«. Das habe ich tatsächlich – aber das Ziel einer Schule, die wirklich für Integration steht, haben meine Kollegen und ich nie erreichen können. Heute weiß ich: Manchmal ist Integration oder ein gleichberechtigtes Miteinander ausländischer und deutscher Schüler einfach nicht möglich. Vor allem, weil es so viele Vorurteile gibt – gegen die Deutschen. Leider darf man so etwas ja eigentlich gar nicht mehr sagen.

Ich arbeite an einer Schule mit einem Anteil von mehr als 60 Prozent Migrantenkinder. In manchen Klassen sind deutsche Schüler besonders stark in der Minderheit, nur in wenigen ist das Verhältnis ausgeglichen. Das wäre im Prinzip kein Problem, wenn denn die Integrationsversuche unsererseits fruchten würden.

Tatsächlich kommen aber viele muslimische Schüler aus Familien, die uns Deutsche völlig anders einstufen, als wir es selbst tun. Dort herrschen teilweise unglaubliche Vorurteile, und zwar äußerst negative. Da ist erst einmal das Thema Familie, das im Umfeld dieser Schüler als besonders hochrangig eingeordnet ist. Wir Deutsche dagegen würden einen solchen Familienzusammenhalt gar nicht kennen. Auch den in deren Umfeld traditionell starken Zusammenhalt würden wir nicht kennen. Diese Vorurteile stehen unverrückbar da, weitere Überlegungen, wie Deutsche wirklich leben, gibt es kaum. Die meisten dieser Familien haben noch nie Kontakt zu einer deutschen Familie gehabt.

Besonders schlimm sind die Vorurteile in Sachen Sexualität. Es gibt Schüler, für die sind deutsche Mädchen per se einfach nur Schlampen. Das sagen sie auch genau so. Ein Mädchen hat in der Disco nichts verloren, Mädchen sollen eigentlich gar nicht ausgehen. Außerdem seien deutsche Mädchen schmutzig, weil sie mit Jungs rummachten, und vor allem, weil sie nicht bei einem Jungen blieben, sondern ihre Partner wechseln.

Das größte Problem in diesem Zusammenhang ist, dass dieses Bild der Schlampe im Grunde nicht nur für die Mitschülerinnen gilt, sondern eigentlich für jede Frau – damit auch für meine Kolleginnen. Es ist undenkbar, dass eine der Lehrerinnen im Hochsommer vielleicht einmal etwas luftigere Kleidung trägt, weil das nur Öl ins Feuer der muslimischen Schüler gießt. Hinzu kommt noch, dass das Frauenbild der Jugendlichen es ihnen sehr schwer macht, überhaupt ein Frau als Lehrerin zu akzeptieren, die ihnen sagt, was sie zu tun und was sie zu lassen haben.

Da geht es im Grunde gegen ihre Ehre, die sie immer wieder in den Vordergrund stellen. Der Begriff Ehre ist in diesen Kreisen außerordentlich wichtig. Niemand darf die Ehre der Familie beschmutzen und so weiter – hört sich an wie ein billiges Klischee, es ist aber leider der Alltag an Schulen wie unserer. Nur wirklich erklären kann kaum jemand diesen Begriff.

Das alles darf man natürlich eigentlich nicht sagen, weil man dafür als Ausländerfeind abgestempelt wird. Aber ich würde sicher nicht seit zehn Jahren an dieser Schule arbeiten können, wenn das bei mir der Fall wäre. Ich nehme mir aber die Freiheit, ehrlich über das zu sprechen, was ich täglich erlebe. Dazu gehört auch ein weiterer Fakt, den man eigentlich nicht ausspricht. Gerade männliche junge Muslime mit entsprechendem Umfeld lernen früh Gewalt kennen. Sie lernen sie in Form von Gewalt durch Erziehungsberechtigte, aber auch durch Gewalt im Freundeskreis von Kindesbeinen an. Gewalt ist dabei für diese Jugendlichen nichts Schlechtes, Gewalt ist ein Mittel, sich durchzusetzen, seinen Status und damit auch seine Ehre zu verteidigen.

Natürlich sind auch deutsche Jugendliche nicht frei davon, sich mit Gewalt durchzusetzen. In den Vierteln, in denen sie hier leben, lernen sie aber ebenfalls früh, dass sie den anderen Gruppen Jugendlicher schon allein zahlenmäßig unterlegen sind. Das führt dazu, dass deutsche männliche Jugendliche sich an unserer Schule regelrecht zurückziehen – der Schulhof ist aufgeteilt nach Nationalitäten, Sprachen und Religionszugehörigkeiten. Immer wieder kommt es auch zu Fällen, in denen die Hackordnung im Klassenzimmer aggressiv durchgesetzt wird.

Wir hatten einen Fall, in dem sich ein deutscher Schüler wohl zu dicht am Revier – sprich am Sitzplatz – eines türkischen Jungen platziert hatte. Das eskalierte schnell und mündete in einer Schlägerei, bei der auch ein Knüppel zum Einsatz kam.

Greift ein Lehrer ein, was er natürlich muss, und spricht eventuelle Strafen aus, die natürlich aus seiner Sicht auch pädagogisch Sinn machen, steht er bald womöglich nicht mehr nur dem prügelnden Schüler gegenüber, sondern auch dessen gesamtem Umfeld. Solche Schüler werden so erzogen, dass sie sich durchsetzen müssen. Sie sollen stark sein, und sie sollen das Sagen haben. Ihre Familien verteidigen auch falsches Handeln häufig, bis es wirklich nicht mehr geht. Da meldet sich nicht nur der Vater zu Wort, auch der große Bruder hat etwas zu sagen. Im Grunde ist diese Welt eine Machowelt in absoluter Reinkultur.

Wenn man da als Lehrer zurückhaltend auftritt oder über pädagogische Thesen referiert, hat man schon verloren. Was hilft, ist allein ein entschiedenes Auftreten und das deutliche Vertreten des eigenen Tuns. Denn es geht ja nicht um Einzelfälle, immer wieder kommt es zu Situationen, in denen Schüler – und damit auch Eltern – irgendwie ihre Ehre in Frage gestellt sehen. Lässt man sich da einmal in die Ecke drängen, kommt man aus der nicht mehr so schnell heraus. Denn natürlich wird dann darüber gesprochen, wird herumerzählt, dass man mit dem Lehrer oder natürlich auch der Lehrerin alles machen kann. Nicht jeder Lehrer kann in diesem Umfeld bestehen.

Das alles hat aber noch eine weitere Facette. Spreche ich mit Eltern muslimischer Schüler darüber, dass etwa deren Verhalten zu wünschen übrig lässt, oder dass vielleicht die schulische Leistung eine Versetzung am Ende des Schuljahres gefährdet, muss erst einmal ich mir etwas anhören. Aus Erfahrung weiß ich jedoch, dass es dabei oft nicht bleibt. Zu Hause wird dann das Schulkind von den Eltern – vor allem dem Vater – regelrecht in die Mangel genommen. Es bekommt Schläge, die weit über einen harmlosen Klaps auf die Wange hinausgehen.

Am Ende sind es nicht nur die Lehrer, sondern vor allem eben auch die Schüler, die unter den Umständen leiden. Gerade jene Schüler, die wirklich etwas lernen wollen. Die gibt es nämlich durchaus auch bei uns. Aber weil so viele Kulturen und Meinungen aufeinandertreffen, gerät der reine Unterricht zunehmend ins Hintertreffen, weil wir uns auch im Klassenraum mit den Schülern und den Vorurteilen auseinandersetzen müssen, die sie untereinander hegen. Dass tatsächlich einmal ein ausländischer Schüler Kontakt zu deutschen Mitschülern aufnimmt, ist ebenso ungewöhnlich, wie der umgekehrte Fall. Man spricht übereinander, aber man spricht nicht miteinander.

Wobei man sagen muss, dass manches Vorurteil der ausländischen Schüler berechtigt ist. Nicht auf die Schule bezogen, sondern allgemein. Die erfahren aus ihrem Umfeld sehr früh, dass es mit ihrem Hintergrund auch bei einem ordentlichen Schulabschluss sehr, sehr schwer ist, überhaupt eine Lehrstelle zu bekommen. Daran sind ihrer Meinung nach wir Deutschen Schuld, weil wir lieber mit unsereins zusammenarbeiten. Was sicher keine vollkommen falsche Einschätzung darstellt. Aber im Grunde ist es egal, was ich sage. Ich kann schon jetzt die Stimmen all jener hören, die wieder beteuern werden, dass es durchaus Fälle von funktionierender Integration an Schulen gibt. Das ist mir klar, es lassen sich zig solcher Beispiele anführen. Doch wer sich mit dem Thema einmal genauer und auch ehrlich beziehungsweise unvoreingenommen beschäftigt, der wird auch sagen müssen, dass es zig Beispiele gibt, die dem ähneln, was ich hier beschreibe. Wir müssen mit dem Gerede aufhören, alles ist gut, und wenn es noch nicht gut ist, wird es irgendwann gut – in der Zwischenzeit beschäftigen wir uns wieder mit anderen Themen. Wenn man aber akzeptiert, dass es besagte Probleme gibt, darf es nicht so sein, dass man alle Schuld auf uns Lehrer schiebt. Wir machen sicher nicht immer alles richtig, wir machen aber auch nicht alles falsch. Wir können einfach nur einen winzigen Teil der Erziehung unserer Schüler übernehmen. Der weitaus größere liegt in den Händen der Eltern oder ihres Umfeldes. Und darauf haben wir keinen Einfluss. Um Probleme lösen zu können, muss man wissen, wo sie liegen, und dann muss man sagen, wo sie liegen. Genau das wollte ich hier tun.

»Das größte Geheimnis lautet: Lehrer sind keine faulen Säcke.«

Warum Lehrer alles andere als ein gemütlicher Job ist

Christiane K., 29, Englischlehrerin an einer Oberschule in Brandenburg

Vor ein paar Wochen erst haben wir im Lehrerzimmer halb im Scherz darüber gesprochen, ob wir uns eine Dartscheibe zulegen sollten, auf der wir ein Foto von Exkanzler Gerhard Schröder befestigen. Weil es uns so maßlos aufregt, dass immer noch viele Menschen, und damit auch viele Eltern, genau das denken, was Schröder einmal gesagt hat: dass Lehrer nämlich einfach nur faule Säcke sind. Bis heute denken die Leute, wir Lehrer führen einfach ein angenehmes und beschauliches Leben. Vormittags dürfen wir Schülern Befehle erteilen und haben immer recht, nachmittags haben wir frei.

Was mich außerdem nervt, ist die Tatsache, dass man sich in der Öffentlichkeit für den Lehrerberuf fast schon rechtfertigen muss. Das geht nicht nur mir so, ich höre das auch immer wieder von meinen Kollegen. Manchmal bekommt man sogar das Gefühl, dass man sich regelrecht schämen muss, Lehrer oder Lehrerin zu sein. Man wird öffentlich abgestempelt als Nichtstuer, die die Kinder ja ohnehin nicht richtig erziehen. Obwohl genau das ja gar nicht unser Job, sondern die Aufgabe der Eltern ist.

Und dazu immer wieder die gleiche Leier: Wir arbeiten ja nur bis 13 Uhr und haben dauernd Ferien. Die Aussage von Exkanzler

Schröder hängt bis heute nach. Medien wie die *Bild*-Zeitung treten da immer gerne nach und erschweren die Sache zusätzlich. Womit der Volksmund sich natürlich noch bestärkt fühlt. Das macht sich auch im Privatleben bemerkbar. Ich selber bin noch vergleichsweise jung und entspreche rein äußerlich nicht dem Bild des klassischen Lehrers im Karohemd, der immer ein paar Kugelschreiber in der Brusttasche stecken hat. Wenn ich aber sage, dass ich eben Lehrerin bin, werden erst einmal die Vorurteile heruntergerattert – cool, du hast ja nur frei, kannst ständig Ferien machen. Mittags kannst du alles fallen lassen und das Leben genießen. Außerdem bekommst du dafür, dass du so wenig arbeiten musst, unfassbar viel Geld. Das ärgert mich wirklich sehr. Vor allem, weil ich in einem Lehrerhaushalt aufgewachsen bin, in dem die Eltern von mittags bis zum Abend oder sogar bis spät in die Nacht hinter verschlossenen Türen an ihren Schreibtischen saßen, weil sie Arbeiten korrigierten, Unterricht vorbereiten und nachbereiten mussten. All das mussten sie gewissenhaft machen, da war nichts mit freien Nachmittagen. Daran hat sich bis heute nichts geändert. Gerade waren bei uns zwei Wochen Ferien – in der Zeit habe ich vier Tage lang Freunde besucht. Die restliche Zeit habe ich mit einer Kollegin zusammen an einem Projekt für eine Klasse gearbeitet. In der Ferienzeit lag zudem ein Feiertag, an dem ich Unterricht vorbereitet habe. Außerdem bin ich während der Ferien in die Schule gegangen, habe Material für den Unterricht kopiert, habe mich weiter auf den Unterricht vorbereitet und habe Noten eingetragen, was oft im Schulalltag zeitlich gar nicht möglich ist. Aber all das sieht einfach niemand. Gesehen wird die vermeintlich viele Freizeit, und das ärgert mich. Weil die meisten Lehrer nicht einfach Unterricht nach Buch machen, sondern sich sehr viel Mühe geben. Man versucht, den Kindern etwas zu bieten und einen Unterricht zu gestalten, der sie wirklich interessiert und anspricht.

Ich selber unterrichte Englisch und Kunst. Gerade im Fach Englisch versuche ich zum Beispiel, aktuelle Filme mit einzubinden, die von den Kindern gemocht werden. Oder Songs, die gerade in den Charts sind, und von denen ich weiß, dass sie den Schülern gefallen. Dafür sitze ich sehr viel und sehr lange am Schreibtisch. Nur merkt das eben niemand. Viele Lehrer im Kollegium sind genau davon sehr frustriert. All das führt letztlich auch zu der sehr hohen Burn-out-Rate, die für den Lehrerberuf typisch ist.

Ich habe mich immer wieder gefragt, woher eigentlich dieses Image des Lehrers kommt. Schließlich ist es mittlerweile uralt, und eigentlich sollte man doch glauben können, dass die Menschen dazulernen und erkennen, dass die Wahrheit vollkommen anders aussieht. Vermutlich kommen mehrere Faktoren zusammen. Der eine ist die Tatsache, dass der Lehrer nach dem Mittag einfach aus dem Blickfeld verschwindet und niemand mitbekommt, was er dann macht. Ein anderer Grund kann darin bestehen, dass die meisten Menschen nach ihrer eigenen Schulzeit nichts mehr mit der Schule zu tun haben. Als Schüler hat man den Lehrer nur von acht am Morgen bis mittags um eins erlebt, und man hat schon damals nie mitbekommen, was er nach dieser Unterrichtszeit macht. Es war klar, dass er am nächsten Morgen wieder im Klassenzimmer steht und unterrichtet, über mehr hat man sich als Schüler eigentlich nie Gedanken gemacht. Mit dem Lehrer verbindet man außerdem Frustmomente, die man damals gehabt hat.

Und man verbindet mit der Schulzeit die Erinnerung an lange Ferien. Mich hat einmal ein Elternteil angesprochen und gefragt, was ich eigentlich mit all der freien Zeit anfangen würde. Schließlich hätten wir ja im Herbst zwei Wochen frei, dann zu Weihnachten schon wieder, dann bald wieder die Osterferien, bevor wir uns in die lange Sommerpause retten. Der Mann hatte sich ausgerechnet, dass wir Lehrer so auf insgesamt rund 80 Urlaubstage kommen würden. Nur wies seine Berechnung einige Fehler auf und strotzte zudem vor Unwissen. Erstmal hatte er etwas getan, was er bei der Berechnung seiner eigenen Urlaubstage sicher nicht tun würde: Er hatte auch die Wochenenden mit eingerechnet. Als ich ihm das erläuterte, meinte er nur, dass es dann ja immer noch mehr als 50 Tage wären und damit mehr als genug. Ich habe all meine Geduld zusammengenommen und ihm zu erklären versucht, dass wir Lehrer in den Ferien immer auch Klausuren korrigieren, was sich auf insgesamt gut zwei Wochen Arbeit summiert. Gerade in den Sommerferien verbringen wir außerdem die letzten Tage nicht am Mittelmeerstrand, sondern schon wieder in der Schule – zur Vorbereitung. Insgesamt bleiben von den vermeintlichen mehr als 80 Urlaubstagen am Ende ziemlich genau 30 übrig, so wie bei den meisten Arbeitnehmern. Der Mann hat mich nach meiner Erklärung ziemlich verblüfft angeschaut, aber nichts mehr gesagt.

Nur ist so etwas kein Einzelfall. Immer wieder höre ich Halb- oder Unwahrheiten über meine Arbeit und darüber, wie bequem ich es ja mit meinem Job habe. Ich bin manchmal regelrecht fassungslos, wie beschränkt das Denken einiger Menschen eigentlich ist. Da gibt es Leute, die gehen tatsächlich davon aus, wir würden exakt den gleichen Arbeitstag wie unsere Schüler haben. Vormittags würden wir im Klassenraum vor den Schülern stehen, mittags wäre unser Arbeitstag dann vorbei und wir könnten tun und lassen was wir wollen. Aber die Wahrheit ist, wie gesagt, eine völlig andere. Lehrer sein, das ist kein bequemer Halbtagsjob – und ich würde mir wirklich wünschen, dass diese Tatsache sich irgendwann einmal in den Köpfen festsetzt.

Der reine Unterricht ist nur ein Teil der Arbeit und nicht einmal der umfangreichste. Er macht nämlich nur rund ein Drittel der gesamten Arbeitszeit aus. Daneben gibt es aber noch zahllose weitere Arbeiten und Aufgaben, die zu erledigen sind. Und, liebe Eltern, einen Teil dieser Arbeitszeit füllt auch ihr aus. Oder glaubt ihr, Elterngespräche und Elternabende absolvieren Lehrer zu ihrem Vergnügen und in ihrer Freizeit? All das ist vielmehr auch Arbeit, die Konzentration verlangt und die vor- und nachzubereiten ist.

Was natürlich auch für den Unterricht selbst gilt. Es ist im Grunde unfassbar, dass immer noch so unglaublich viele Menschen fest davon überzeugt sind, als Lehrer latschst du morgens einfach so in den Klassenraum und beginnst zu reden, bis die Stunde rum ist. Ich frage mich immer: Wie kann man überhaupt denken, dass so etwas funktionieren würde? Das hätte eventuell in einer Dorfschule vor 100 Jahren geklappt – aber auch nur eventuell. Die Kinder heute sind doch gar nicht mehr darauf eingestellt, sich über einen längeren Zeitraum auf ein und dieselbe Sache zu konzentrieren oder einem einzigen Menschen zuzuhören. Schon gar nicht, wenn es neben dem Konzentrieren auch um das Verstehen von Inhalten geht. Lieber greifen sie zum Smartphone und spielen irgendein belangloses Videospiel.

Um Kindern und Jugendlichen in der Schule wirklich etwas beizubringen, ist es längst nicht mehr damit getan, einfach den Stoff herunterzuleiern in der Hoffnung, irgendwer wird es schon verstehen. Ich will nicht so weit gehen, dass ich als Lehrerin auch noch den Job eines Entertainers auszufüllen habe, aber ich muss den Stoff schon in einer Form präsentieren, der auf irgendeine Weise das Interesse der Schüler weckt. Was wiederum bedeutet, dass ich mich auf jede Unterrichtsstunde intensiv vorbereite.

Als ich noch frisch im Beruf war, bedeutete das einen extremen Zeitaufwand. Damals war für jede Unterrichtsstunde eine Vorbereitung von acht oder sogar neun Stunden notwendig. Mittlerweile schaffe ich die Vorbereitung für eine Doppelstunde – also anderthalb Zeitstunden – in etwa 60 Minuten. Weniger aber wird es sicher nicht werden. Denn Vorbereitung bedeutet eben nicht, dass ich das reine Material oder das reine Wissen, das ich vermitteln will, in einen Ordner packe und es dann vor den Schülern vortrage. Viel wichtiger ist, dass ich mir auch einen Weg überlege, wie ich den Unterrichtstoff in die Köpfe bringe. Ich arbeite mir also einen Weg aus, einen Leitfaden, der durch die Unterrichtseinheit führt. Dabei ist natürlich zu berücksichtigen, wie ich diesen Weg gestalte, damit er nicht nur mir selber passt, sondern auch für Schüler interessant, angenehm und nachvollziehbar ist.

Denn, wie schon gesagt, Unterricht ist immer auch ein harter Kampf um die Aufmerksamkeit der Schüler. Die werden nicht nur durch Smartphones abgelenkt. Immer wieder steht auch der engagierteste Lehrer vor einem Haufen müder Schüler, die nur schwer aus ihrer Lethargie zu wecken sind. Gerade im Teenageralter kommen natürlich noch weitere außerschulische Faktoren hinzu, die das Interesse wecken: Die Jungs tuscheln über die Mädchen und umgekehrt. Gerade erwachende Männlichkeit äußert sich in entsprechend pubertären Handlungen. Da erscheint es dann manchem wichtiger, vor den Klassenkameraden als Kerl dazustehen, als den Unterricht zu verfolgen.

Über all das denken die meisten Menschen allerdings kaum eine Sekunden nach. Ein Kollege von mir hat einmal gesagt, wenn er noch einmal jemanden hört, der Lehrer als faule Säcke bezeichnet, zerrt er ihn in ein Klassenzimmer voller Schüler und schließt ihn darin ein. Denn selbst wer meine bisherigen Beschreibungen nachvollziehen kann, wird den Lehrerberuf erst dann wirklich begreifen, wenn er ihn einmal am eigenen Leib gespürt hat. Zahlen belegen, dass die Arbeit als Lehrer alles andere als reine Entspannung ist. Im Durchschnitt gehen wir mit 62 Jahren in Rente, wenn wir es denn überhaupt bis dahin schaffen. Rund 15 Prozent der Kollegen scheiden jedoch schon früher aus, in der Regel wegen psychischer oder psychosomatischer Leiden. Denn gerade wir vermeintlich faulen Säcke tragen das höchste Risiko, an einem Burn-out-Syndrom zu erkranken. Auslöser ist der Stress im Klassenzimmer. Jeder dritte Lehrer leidet mindestens einmal während seiner beruflichen Laufbahn unter Burn-out. Es ist ja nicht so, dass wir als Lehrer immer nur vor wohlerzogenen Sprösslingen aus gutem Haus stehen. Je nach sozialem Umfeld kommen durchaus Klassen zusammen, in denen sich etliche Problemfälle finden – um es mal zurückhaltend auszudrücken. Ich selber hatte einen Schüler, der bei seiner alleinerziehenden Mutter lebte, die starke Alkoholikerin war. Gerade nach den Wochenenden kam dieser Junge in einem Zustand in die Schule, der die normale Teilnahme am Unterricht kaum zuließ – er war vollkommen durcheinander. Solche Fälle erfordern natürlich noch einmal besondere Aufmerksamkeit und auch Betreuung, die allerdings nicht der Lehrer allein leisten kann.

Der Fall dieses Jungen ist aber auch ein Beispiel für ein anderes Problem, mit dem ein Lehrer alltäglich zu kämpfen hat, das aber von Berufsfremden geflissentlich ignoriert oder schlichtweg abgetan wird: Lärm. Besagter Schüler – und viele andere tun dies auch – neigte dazu, den Unterricht zu stören, indem er einfach dazwischenrief und zudem Mitschüler beleidigte. Das führte immer wieder zu lautstarken Auseinandersetzungen, bei denen ich natürlich nicht untätig bleiben konnte und mich ebenfalls zu Wort meldete. Insgesamt führen solche Situationen immer wieder zu einem extremen Lärmpegel, dem Schüler und Lehrkraft ausgesetzt sind.

Ohnehin ist eine Schule kein leiser Ort, sondern von Lärm durchdrungen, der auf Dauer zu Stress führt. Ich kann mir in diesem Moment durchaus die Gesichter einiger Leser vorstellen, die mit dem Kopf schütteln über die vermeintliche Empfindlichkeit, die ich hier an den Tag lege. Doch es geht eben nicht um irgendwelche Geräusche, sondern um wirklichen und wahrhaftigen Lärm. Viele unserer Schulen stammen noch aus einer Zeit, in der wenig Wert auf Lärmschutz gelegt wurde. Schritte hallen durch Flure, Stimmen sind durch das gesamte Gebäude zu vernehmen. Das ist im Einzelfall natürlich kein Problem. Rennen jedoch ganze Schulklassen – und dazu noch mehrere solcher Klassen – durch die Schule, entsteht schnell eine Lärmwolke, die den Vergleich mit einer Großbaustelle nicht zu scheuen braucht. Es existieren mittlerweile genügend Messungen, die belegen, dass in einer unruhigen Schulklasse Lautstärken von rund 80 Dezibel herrschen, auf den Gängen und auch in Sporthallen werden es häufig sogar 90 Dezibel oder mehr. 80 Dezibel entsprechen dem Lärm eines Presslufthammers, 90 Dezibel dem eines vorüberfahrenden schweren Lastwagens.

Mediziner sagen, dass schon ein dauerhafter Lärmpegel von 60 Dezibel zu Stressreaktionen führen kann, ab 80 Dezibel leidet die Gesundheit. Es hat also gar nichts mit Weinerlichkeit einer Beamtenseele zu tun, wenn ich dieses Thema anspreche. Stellen Sie sich doch einmal selbst vor, was es bedeutet, wenn sie einen halben Tag lang solcher Lautstärke ausgesetzt wären, die zudem kein einheitliches Lärmrauschen darstellt, sondern sich vielmehr ständig verändert und an immer anderer Stelle ihre Aufmerksamkeit fordert. Ich hab mich selbst schon mehrfach dabei ertappt, dass ich während der Heimfahrt mit dem Auto das Radio abstellte, nur um einen solchen Moment der Ruhe genießen zu können. Bevor ich mich dann wieder konzentriert an die Vorbereitung des nächsten Tages oder an die Korrektur von Klassenarbeiten mache.

Also noch einmal für alle: Wir Lehrer sind keine faulen Säcke, wir haben auch nicht morgens recht und nachmittags frei. Ganz zu schweigen davon, dass unsere Arbeit wirklich nicht in erster Linie aus dem Warten auf die Ferien besteht. Lehrer sein ist harte Arbeit. Eine Arbeit an und mit Menschen, deren Zukunft zu großen Teilen von der Arbeit eines Lehrers abhängt. Natürlich gehen Eltern im Grunde immer davon aus, dass ihr Kind das beste Kind der Welt ist. Doch selbst wenn es das beste Kind der Welt ist, wird ihm dieser Umstand wenig nützen, wenn sich niemand um seine schulische Erziehung kümmert. Jeder kann sich ja selbst mal eine Frage stellen: Welche Personen haben die Kindheit geprägt, an wen kann man sich heute noch erinnern? Natürlich ist da die Familie, und es sind auch die Jugendfreunde, an die man denkt. Doch jeder Mensch wird sich auch an einige seiner Lehrer erinnern – weil die eben keine faulen Säcke waren, sondern ihm vieles von dem beigebracht haben, von dem er heute noch zehrt.

»Ich wollte nie Lehrer werden – weil ich grausame Lehrer hatte.«

Was ein Berufswunsch über Lehrer an unseren Schulen aussagt

Gerrit C., 37, Deutschlehrer an einem Gymnasium in Nordrhein-Westfalen

Warum bist du Lehrer geworden? Das ist eine äußerst beliebte Frage, die immer wieder gestellt wird. Nicht selten verbirgt sich hinter dieser Frage schon die vermutete Antwort. Natürlich wegen der vielen Ferien und der vielen Freizeit. Gerade erst hat mich auch wieder ein Schüler gefragt, warum ich mir das eigentlich antue. Ich sei doch bestimmt auch so ein Lehrer, dem nichts anderes eingefallen ist, als er das Abitur in der Tasche hatte. Aber all das stimmt nicht. Ich bin Lehrer geworden, weil ich früher nie Lehrer werden wollte – bis ich nichts anderes mehr werden wollte.

Mir selber ging es als Schüler nicht sehr gut. Ich bin vermutlich nicht dumm, aber ich war in der Schule immer sehr faul. Irgendetwas auswendig zu lernen habe ich grundsätzlich verweigert. Was meinen Status bei den Lehrern nicht unbedingt verbesserte. Hinzu kam, dass ich einer jener Schüler war, die gerne aus der Rolle fielen. Ich war einer, der den Rastafari-Stil liebte, der sich auch entsprechend kleidete, was an einer streng katholischen Schule nicht für Zuneigungsbekundungen sorgte. Ich bin also ständig angeeckt. Immer wieder kamen Briefe nach Hause, in denen mein Äußeres zum Thema gemacht wurde. Auch wurden meine Eltern gefragt, ob sie denn wirklich wüssten, mit wem ich verkehre, ob das eine gute Gesellschaft für einen Jugendlichen sei. Meine Eltern blieben davon recht unbeeindruckt.

Doch spätestens als ich in der siebten Klasse mit grünen Rastalocken ankam, war ich bei vielen Lehrern als asozial abgestempelt – vor allem bei einem Mathelehrer. Der und einige seiner Kollegen haben mit ihrer Meinung nie hinter dem Berg gehalten und mir durchaus deutlich zu erkennen gegeben, dass sie mich wegen meines Erscheinungsbildes auch für dumm hielten. Ein Beispiel: Zu jener Zeit war ich sehr aktiv in der Theatergruppe der Schule. Besagter Mathelehrer war nun sehr genervt davon, dass einige Schüler – auch ich – wegen der Probentermine immer wieder einmal in seinem Unterricht fehlten. Er hat dann eine unangekündigte schriftliche Arbeit schreiben lassen. Schüler, die bei den Proben waren, hatten da natürlich keine Chance, und selbst von der Schulleitung hieß es damals, dass in dieser Zeit keine solchen Arbeiten geschrieben werden sollten.

Den Mathelehrer kümmerte das nicht. Er hat vielmehr sogar noch ein Tortendiagramm erstellt, mit dem er zeigen wollte, wie viel dümmer die Schüler aus der Theatergruppe waren. Zusätzlich wollte er zeigen, wie noch dümmer die sogenannten Selbstdarsteller waren, wie er Schüler wie mich bezeichnete. Dafür hat der gute Mann dann allerdings auch richtig Ärger bekommen. Ich habe selten meine Eltern hinzugezogen, wenn es etwas zu klären gab in der Schule. Das war nun aber doch zu viel und ich habe mir gesagt: Es reicht, nun lassen wir sozusagen die Hunde von der Leine. Der Mathelehrer war in meiner Schulzeit sicher ein extremer Fall, aber er war nicht allein. Da gab es auch einen Physiklehrer, der gute Noten einfach als zufälliges Ereignis abtat, das sich sicher nicht so bald wiederholen würde.

Ich war allerdings nicht das einzige Opfer solcher Lehrer. Eine Mitschülerin hatte eine – zugegeben recht seltsame – Phase, in der sie sich nach indischem Vorbild einen sogenannten Bindi-Punkt auf die Stirn malte und auch gerne in weiten Gewändern zur

Schule kam. Dem Deutschlehrer war das ein Fest, weil er seine Abneigung gegen Ausländer damit trotz eines Mangels an realen Ausländern ausleben durfte. Er machte immer wieder Witze über die Muslima, wie er sie bezeichnete, und sprach sie auch gern mit dem Namen Aishe an.

Dieses Gemenge aus Ausgrenzung und Ablehnung führte dazu, dass ich mir eines schwor: Nie, niemals werde ich Lehrer. Diese Menschen waren mir zuwider, ich konnte mir nicht vorstellen, ihnen in irgendeiner Weise nachzueifern. Weil ich dachte, damit würde ich solche Lehrer nur bestärken in ihrem Tun. Die hätten sich ja sagen können: Siehste, aus dem hoffnungslosen Dummkopf haben wir mit unserem Unterricht doch noch etwas gemacht.

Allerdings kam dann etwas dazwischen. Tatsächlich waren meine Noten nicht wirklich schlecht, und in einigen Fächern war ich so gut, dass ich mir bald mit Nachhilfeunterricht etwas dazuverdiente. Es dauerte nicht lange, und meine Nachhilfe zeigte Erfolg. Schüler verbesserten sich deutlich, und ich musste eingestehen, dass ich diese Nachhilfe durchaus gern gab und dass ich nicht schlecht darin war. Trotzdem stand immer noch meine Überzeugung: Nie werde ich Lehrer. Bis in den letzten Schuljahren zwei Lehrer an die Schule kamen, die so anders waren als die, die ich bis dahin hatte erleben müssen. Die waren ausschlaggebend dafür, dass ich mir sagen konnte: In diese Fußstapfen zu treten, das könnte ich mir durchaus vorstellen.

Vielleicht möchte ich auch so ein Lehrer sein, der für die Schüler da ist, die sonst untergehen oder für die die Schule zur Hölle geworden ist. Ein Lehrer, der für Schüler wie mich wirklich da ist und ihnen den Hass gegenüber der Schule nimmt. Jemand, der den Schülern das Gefühl gibt, dass er sie ernst nimmt – egal, was sie sagen, und egal, wie sie rumlaufen. Diese beiden Lehrer waren Menschen, die ihre Schüler als Person respektierten, und bei denen jeder spürte, dass sie auf ihr Wohl bedacht waren. Eine der beiden war eine sehr junge Deutschlehrerin, wir waren ihr erster

Jahrgang. Anfangs herrschte zwischen dieser Lehrerin und mir ein echter Krieg. Der entstand vor allem aus dem Grund, dass ich nie meine Hausaufgaben machte, sie als Berufsanfängerin aber auf dem Standpunkt beharrte, jedes Kind muss immer seine Hausaufgaben machen, und zwar vorbildlich. Immer wieder kam es daher zu lautstarken Streits. Wir haben uns, wie man so schön sagt, richtig gefetzt. Es wurden Mitteilungen nach Hause geschickt, ich bekam Strafarbeiten, die ich natürlich auch nicht gemacht habe. Bis ich sie irgendwann gefragt habe, wo denn eigentlich das Problem liege. Schließlich schrieb ich nur Einsen und Zweien, arbeitete auch im Unterricht aktiv mit. Warum also sollte ich Hausaufgaben machen, die ja dem Üben dienen, aber Dinge behandelten, die ich bereits konnte – wie meine Leistungen bewiesen. Daraufhin war meine Lehrerin erst einmal beleidigt und hat Tage nicht mehr mit mir geredet. Bis sie doch ankam und die entscheidenden Worte sagte:»Okay, dann machst du eben keine Hausaufgaben. Aber Gnade dir Gott, wenn ich dich im Unterricht einmal dabei erwische, dass du nicht weißt, wo wir sind – oder mir eine Frage nicht beantworten kannst.« Das war für mich vollkommen in Ordnung. Danach wurde unser Verhältnis deutlich besser, und die Lehrerin hat mir auch später geholfen, als ich selber studierte. Mittlerweile sind wir gute Freunde.

Die zweite Person, die meine Einstellung veränderte, war mein Lateinlehrer. Latein war für mich das schlimmste Fach in meiner Schulkarriere und brachte mir die ersten Erfahrungen mit Fünfen und Sechsen. Ich habe es nie wirklich hinbekommen und weiß auch heute, viele Jahre später, nicht wirklich, warum das so war. Ohne besagten Lehrer hätte ich vermutlich das Gymnasium nicht bis zum Ende geschafft. Dieser Lehrer hatte immer ein offenes Ohr, wenn ich wegen der Probleme in Latein am Rande der Verzweiflung war, und er hat mich unterstützt.

Das war auch der Fall, als die letzte Klausur des Schuljahres darüber entscheiden sollte, ob ich durchfalle oder nicht. Am Tag vor der Klausur sagte der Lehrer zu mir, dass ich krank aussehe und deswegen morgen besser zu Hause bleiben sollte. Das waren Worte, die aus dem Mund eines Lehrers eigentlich unmöglich sind, wie ich heute weiß. Kein Lehrer will, dass am Tag einer Klausur Schüler krank sind. Denn das bedeutet, dass er eine neue Klausur erstellen und einen Nachholtermin ansetzen muss. Das ist immer ein riesiger zusätzlicher Aufwand.

Mein Lateinlehrer aber sagte genau das, und ich war am nächsten Tag krank. Dann wurde ein Nachholtermin vereinbart, und eines Tages wurde ich aus dem Unterricht geholt und in unsere Schulbibliothek gesetzt. Der Lehrer gab mir die Aufgaben und ließ mich allein, was heute schulrechtlich undenkbar wäre. Ich konnte also in aller Ruhe meinen kleinen Langenscheidt Latein – Deutsch auspacken, den ich unter dem Pullover versteckt hatte. Trotzdem gelang es mir nicht, alle geforderten Sätze zu übersetzen. Der Lehrer trug an dem Tag, wie eigentlich immer, einen riesigen Schlüsselbund mit einer Unmenge an Schlüsseln mit sich herum. Um vom Unterricht zurück in die Schulbibliothek zu kommen, musste er über einen langen Flur gehen und war jedes Mal wegen der klappernden Schlüssel sehr gut zu hören. Ich bin immer noch überzeugt davon, dass er an jenem Tag die Schlüssel besonders laut klappern ließ, um mich auf sein Kommen hinzuweisen. Ich konnte daher in Ruhe alle meine Spicker beiseite räumen.

Sobald er eintrat, fragte er mich, wie es so laufe. Ich antwortete ehrlich, dass ich einige Sätze nicht übersetzen konnte. Immer wieder gab er mir daraufhin Hinweise, erklärte die Bedeutung einiger Begriffe. Am Ende bekam ich eine Drei und hatte bald darauf mein Abitur in der Tasche.

Natürlich mag mancher nun sagen, der Lehrer hätte mir zu einem Abitur verholfen, das ich eigentlich nicht verdiente. Aber ich verstehe sehr gut, warum er das gemacht hat: Er wusste, dass ich in allen anderen Fächern problemlos gute Noten erreichte, und er wollte nicht, dass dieses eine Fach oder diese eine Klausur meinen weiteren Weg negativ beeinflusst. Genau solche Handlungen eines Lehrers haben mich schließlich dazu gebracht, dass ich selbst Lehrer werden wollte. Es hat erst mal eine Weile gedauert, vor allem, weil ich mir zunächst noch selbst im Weg stand. Ich war doch immer der gewesen, der lautstark getönt hat, dass er nie im Leben Lehrer werden würde. Diese Überzeugung nun nicht mehr zu vertreten, erschien mir wie Hochverrat an mir selbst. Letztendlich siegte dann aber die Einsicht, dass man nicht aus seiner Haut kann. Die Jahre, in denen ich Nachhilfeunterricht gab, hatten mir gezeigt, dass genau das mir sehr viel Spaß macht. Die Erfolge, die ich bei diesen Kindern erzielte, zeigten außerdem, dass ich es ganz gut machte. Auch während der Abiturprüfungen habe ich Lerngruppen quasi als Lehrer und nicht als Mitlernender geführt.

Also habe ich mich selbst überzeugt, dass ich nicht aus reiner Sturheit an einem alten Entschluss festhalten sollte. Seitdem habe ich die Entscheidung Lehrer zu werden nie wieder bereut. Aber ich habe mich immer an das gehalten, was mir zwei Lehrer damals vorgelebt haben: Man darf nicht nur Paragrafen reiten, ein Lehrer arbeitet nicht mit Akten und Ziffern, sondern mit Menschen. Mit Kindern, die in jungen Jahren unter extremem Druck stehen, der von allen Seiten auf sie ausgeübt wird. Auch sie selbst machen sich oft mehr Druck, als es eigentlich nötig wäre.

Daher sollte sich ein Lehrer auch die Frage stellen, ob er sich, sein Fach und jede Mini-Vorschrift so wichtig nehmen muss. Ist es nicht in manchen Fällen besser, einmal Fünfe gerade sein zu lassen und jemanden durchzuboxen, von dessen schulischen Leistungen man überzeugt ist, und der vielleicht gerade einen Hänger hat? So ein Lehrer wollte ich werden, einer, der seinen Schülern nicht Stoff nach Lehrplan vermittelt, sondern der auch unterstützt, hilft und vermittelt. Einer, der Schüler als Menschen und Individuen mit sehr unterschiedlichen Fähigkeiten und Bedürfnissen begreift. Ich hoffe, das ist mir gelungen.

Schlussbemerkung

In diesem Buch berichten Lehrer. Was sie zu berichten haben, hat jedoch kein Lehrer niedergeschrieben. Wenn also ein Lehrer die Seiten dieses Buches gelesen hat, wird er sicher auch feststellen, dass manche Formulierung womöglich nicht in einer schultypischen Form verfasst wurde und dass es an einigen wenigen Stellen Zusatzerklärungen gibt, die manchem echten Lehrer überflüssig erscheinen. Nur richtet sich dieses Buch eben nicht ausschließlich an Lehrer, und nicht jeder Erwachsene weiß zum Beispiel, dass eine Ex eine Extemporale beziehungsweise eine Stegreifaufgabe ist.

Das größte Problem ist jedoch, dass an dieser Stelle nicht all den Lehrerinnen und Lehrern namentlich gedankt werden kann, die sich zum Großteil sehr viel Zeit genommen haben. Mancher hat sogar seinen Auslandsurlaub für ein mehrstündiges Telefonat unterbrochen. Nur sind all diese Lehrer anonymisiert, damit ihre Offenheit ihnen keine Schwierigkeiten bereiten kann. Stellvertretend für all diese Lehrer gilt mein Dank der Frau in Rot, die niemals Rot trägt. Die Lehrer werden das Geheimnis hinter diesen Worten zu schützen wissen.

160 Seiten
17,99 € (D) | 18,50 € (A)
ISBN 978-3-7423-0626-5

Heike Haupt

Deutsche Erfindungen

Von Bier bis MP3 –
geniale Ideen made
in Germany

Deutschland ist das Land der Dichter und Denker. Aber auch das Land der Erfinder! Von Guttenbergs Buchdruck über Daimlers Automobil bis hin zu den Aufzügen von Thyssen-Krupp sind in diesem aufwendig illustrierten Buch die »guten alten Klassiker« ebenso versammelt wie zahlreiche Überraschungen: Wussten Sie beispielsweise, dass die Glühbirne eigentlich in Deutschland erfunden wurde? Oder das Fernsehen? Und dass die Teebeutel ein Nebenprodukt einer ganz anderen Forschung waren?

riva